内 容 简 介

复杂工程系统作为复杂系统在工程领域的特定延伸，当前已成为一个新的研究领域。本书以现有的复杂工程系统理论方法为指导，以舰载航空指挥和保障复杂工程系统设计研制为应用对象，重点阐述了面向能力、基于架构、模型优化和流程连接的多种复杂工程系统设计实践方法，总结了相关设计方法在航空指挥和保障领域的应用成果，进而提炼了基于"V++"模型和DE-CAMPS模型的复杂工程系统设计理论方法，为后续复杂工程系统的设计研制提供了一套较为完整的理论方法，推动并丰富了系统工程理论的再发展。

本书可供从事系统工程、体系工程、管理科学与工程相关领域工作的研究人员、工程技术人员及高校学生参考阅读。

图书在版编目（CIP）数据

从降维解析到映射升维：复杂工程系统原理探索 / 张宏军等著. —北京：电子工业出版社，2021.1（2023.1 重印）

（复杂体系工程系列丛书）

ISBN 978-7-121-40029-2

Ⅰ. ①从… Ⅱ. ①张… Ⅲ. ①航空母舰－指挥控制系统－研究 Ⅳ. ①U674.771

中国版本图书馆 CIP 数据核字（2020）第 254260 号

责任编辑：张正梅　　文字编辑：赵　娜

印　　刷：固安县铭成印刷有限公司

装　　订：固安县铭成印刷有限公司

出版发行：电子工业出版社

　　　　　北京市海淀区万寿路 173 信箱　　邮编：100036

开　　本：720×1000　1/16　印张：14　　字数：235 千字

版　　次：2021 年 1 月第 1 版

印　　次：2023 年 1 月第 5 次印刷

定　　价：98.00 元

凡所购买电子工业出版社图书有缺损问题，请向购买书店调换。若书店售缺，请与本社发行部联系，联系及邮购电话：(010) 88254888，88258888。

质量投诉请发邮件至 zlts@phei.com.cn，盗版侵权举报请发邮件至 dbqq@phei.com.cn。

本书咨询联系方式：zhangzm@phei.com.cn。

国之重器出版工程

国防现代化建设

复杂体系工程系列丛书

从降维解析到映射升维

——复杂工程系统原理探索

From Dimension Reduction Analysis to Mapping Dimension Increasing
—— Exploration on The Principle of Complex Engineering System

张宏军　黄百乔　罗永亮　谭　玮　著

电子工业出版社

Publishing House of Electronics Industry

北京·BEIJING

《复杂体系工程系列丛书》
丛书编委会

顾　问：郭　雷　管晓宏

主　编：张宏军

副主编：韦正现

编　委 (按姓氏笔画排序)：

<table>
<tr><td>丁　蕊</td><td>王　冠</td><td>王　强</td><td>王建峰</td></tr>
<tr><td>叶　聪</td><td>刘　广</td><td>刘煜文</td><td>许　松</td></tr>
<tr><td>李海旭</td><td>邱伯华</td><td>张　岩</td><td>张　哲</td></tr>
<tr><td>张　鹏</td><td>张德平</td><td>沈卓炜</td><td>罗永亮</td></tr>
<tr><td>柳俊河</td><td>郭永金</td><td>徐世均</td><td>钱翰博</td></tr>
<tr><td>黄百乔</td><td>黄晓冬</td><td>廉振宇</td><td>董红斌</td></tr>
<tr><td>谭　玮</td><td>燕雪峰</td><td>臧燕华</td><td>鞠鸿彬</td></tr>
<tr><td>魏慕恒</td><td></td><td></td><td></td></tr>
</table>

秘　书：秦国栋

《国之重器出版工程》
编 辑 委 员 会

专家委员会委员（按姓氏笔画排列）：

于　全　中国工程院院士

王少萍　"长江学者奖励计划"特聘教授

王建民　清华大学软件学院院长

王哲荣　中国工程院院士

王　越　中国科学院院士、中国工程院院士

尤肖虎　"长江学者奖励计划"特聘教授

邓宗全　中国工程院院士

甘晓华　中国工程院院士

叶培建　中国科学院院士

朱英富　中国工程院院士

朵英贤　中国工程院院士

邬贺铨　中国工程院院士

刘大响　中国工程院院士

刘怡昕　中国工程院院士

刘韵洁　中国工程院院士

孙逢春　中国工程院院士

苏彦庆　"长江学者奖励计划"特聘教授

员、工业和信息化部智能制造专家咨
询委员会副主任

项昌乐　"长江学者奖励计划"特聘教授，中国
科协书记处书记，北京理工大学党委
副书记、副校长

柳百成　中国工程院院士

闻雪友　中国工程院院士

徐德民　中国工程院院士

唐长红　中国工程院院士

黄卫东　"长江学者奖励计划"特聘教授

黄先祥　中国工程院院士

黄　维　中国科学院院士、西北工业大学常务
副校长

董景辰　工业和信息化部智能制造专家咨询委
员会委员

焦宗夏　"长江学者奖励计划"特聘教授

丛书介绍

　　"国之重器出版工程"是中国工信出版传媒集团牵头策划打造的重点出版项目,聚焦国家制造强国、网络强国战略以及国防现代化等大政方针,致力于用出版的"高原""高峰"之作服务行业建设和社会发展,为实现中华民族伟大复兴的"中国梦"贡献力量。《复杂体系工程系列丛书》能够入选"国之重器出版工程",既是笔者莫大的荣幸,同时也让笔者感觉重责在肩。

　　目前,复杂性研究是科学界的热点和难点,特别是在工程领域,为了更为宏大的改造客观世界的目的,人类将多个独立的复杂系统组合起来协同工作,形成了系统之系统(System of Systems),即体系。体系的复杂性、不确定性、自组织性与涌现性等特性给体系的构建带来了新的挑战,传统的以降维解析为主要手段,以组织管理为内容核心的系统工程方法难以应对体系的复杂性所带来的问题,必须从其复杂性特性的机理研究出发,再深入结合工程构建过程,通过系统科学理论层面与系统工程操作层面的双重创新,才能真正破解工程系统的复杂性难题。笔者从事复杂工程系统的研制工作多年,并且有幸作为副总师参与了我国"航母工程"的研制工作,积累了大量的航母复杂工程系统研制的实践经验,从而有条件开展对复杂系统工程理论方法的提炼与总结工作,同时笔者也将此作为时代赋予自己的使命任务,于是便有了此套丛书的出版计划。

　　该套丛书旨在从大量的一线工程实践中归纳总结体系复杂性以及体系工程的本质特征和内在规律,并提出具有普遍意义的体系工程新理论、新方法。该丛书是由具有坚实理论基础和丰富实践经验的一线专家与核心技术人

员群策群力、集智攻关形成的重大成果。

整体上，《复杂体系工程系列丛书》分为三部分，第一部分是对现有已经取得成果的梳理和总结，包含 1 册，即《武器装备体系原理与工程方法》，该书已出版。第二部分是核心部分，通过典型复杂系统工程实践，创造性地提出体系生命力新的理论，探索形成从降维解析到映射升维的复杂系统/体系创新设计思想和方法，从而指导体系集成和体系效能评估。第二部分包括 5 册，分别是《从降维解析到映射升维——复杂工程系统原理探索》《演进——体系工程与 CPS》《体系生命力理论》《基于开放架构的体系集成方法》与《面向任务的体系效能评估》。第三部分是形成新应用的技术，侧重于为体系工程中面临的复杂高维目标优化、开放体系架构和体系可靠性等共性问题提供技术解决方案。第三部分包括 2 册，分别是《复杂系统通用质量特性分析与设计》与《复杂高维多目标优化方法》。

《复杂体系工程系列丛书》是编委会成员在复杂系统/体系工程领域十余年的研究成果基础上，将工程实践中的知识、经验和探索性的思考归纳整理，集结成册。复杂体系工程在新时代背景下是一项开创性的工作，许多问题仍有理论上的争议和实践中的困惑，希望本丛书能达到抛砖引玉的目的，引起更多的学者对复杂体系工程问题的关注、争论和批评，从而推动该工作的发展，为我国装备体系、经济体系、生态体系和国家治理体系等的建设提供指导。

在本丛书的组织撰写中，得到了各方的大力支持和热情鼓励，得到了许多专家和同仁的指导和帮助，编撰时也参考借鉴了许多学者的书籍和论文等成果，在此一致表示诚挚的感谢。

2020 年 11 月

丛书推荐序

当今世界随着经济、科技、政治、军事、文化和社会等的高速发展，各类复杂系统比以往任何时候的规模更大，内涵更加丰富，边界更加模糊，复杂程度更高。为了更好地理解、描述、处理与运用当今人类面临的复杂性，体系和体系工程应运而生。体系是复杂系统发展的必然趋势，具有难以分解还原的复杂性、难以描述预测的不确定性，以及难以调控的跨时空演化性和非线性、涌现性等行为表现。历史证明，工程技术常常超前甚至引领科学发展。人类在不了解或不掌握武器装备体系本质特征、行为表现和外在属性复杂关系的条件下，在具有频繁的调控→平衡→演化失衡→再调控→再平衡→……的武器装备体系工程实践中取得了很大成功。这就要求将武器装备体系工程实践的问题思考、知识积累和经验教训等进行归纳总结，形成对体系本质特征、行为特性的科学认识，丰富完善体系工程理论模型与方法，以期推动系统科学、复杂性科学和工程技术等的发展。

《复杂体系工程系列丛书》实现了"从实践到理论再到实践"，既是对体系及体系工程原理规律的探索性成果，也是体系工程方法的创造性成果，又是复杂性科学研究的新成果。丛书主题突出，内容丰富，层次分明，深入浅出地阐明复杂体系原理以及工程方法的内涵、本质和特征，通过清晰的理论模型和案例分析，将体系工程过程模型和工程实施方法呈现出来。期望该丛

书的出版对深入研究复杂性科学和丰富系统科学内涵有重要作用，能够推动装备体系与国家战略、经济规模、技术发展和后勤保障等的协调发展，能够有助于国家治理能力的提升。

中国科学院院士

2019 年 11 月

推荐序

科学研究的专业化趋势在引导人们更专注于某一具体问题，带来更深层次的科学发现的同时，也导致不同专业之间产生了壁垒。而随着人类所处世界的系统性、非线性与复杂性、不确定性等属性逐渐为人们所认识，越来越多的研究者认识到传统"还原论"思想的局限性，并致力于从系统性与复杂性的视角，用多学科融合的手段来开创新的研究方法，其中系统工程便是多学科融合的典型代表。工程与科学研究之间是互为基础又相互促进的关系，科学理论为工程建造提供了理论指导，而大型工程也往往为科学研究提供了支撑手段。例如，目前海洋领域正在推动实施的"智慧海洋"与"透明海洋"工程，都非常注重工程建设与科学研究及应用相融合。"透明海洋"与"智慧海洋"工程的目标都是典型的大型复杂工程系统，传统的面向单个系统研制的系统工程方法无法从容应对多系统综合带来的复杂性与不确定性问题，这无疑给工程领域的研究者们提出了新的挑战。

《从降维解析到映射升维——复杂工程系统原理探索》一书正是为应对这一新挑战而编撰的。该书以装备工程领域的航空指挥与保障系统为研究对象，分析了"还原论"主导下传统的系统工程"降维解析"方法的不足，在总结分析了航空指挥与保障系统成功工程实践的基础上，综合多个技术学科，探索性提出了一种从降维解析到映射升维的复杂工程系统设计方法，并创新性提出了基于"V++"的复杂工程系统设计新方法和体系生命力的新的理论构想。更难能可贵的是，作者从系统科学发展的历史唯物观出发，分析了系统科学的发展历程与发展方向，并通过对复杂工程系统复杂性原理与应

对策略的研究与分析，搭建了系统科学与系统工程之间的桥梁，即用复杂工程系统自身的原理性规律来指导工程设计，在促进系统科学与系统工程融合发展上做出了贡献。本书主题突出，内容丰富且具有启发性，对于复杂工程系统的研究者与工程实践者来说，都是一本不可多得的指导性书籍。

中国科学院院士

2020 年 10 月

前　言

　　系统工程的本质就是正向设计，系统工程的挑战是发现工程背后的系统科学问题。科学既是严谨的，同时也是创造性的。由于我们国家的工业体系基本都是在引进基础上建立的，所以我们的工业思维还没有走到创造性的维度上来，基本在研仿中走着实体迭代验证发展的道路。虽然我们有大量的工程实践，但是绝少有科学问题的发现和应用。科学是人类进步的"第一动力"，而创造性的科学精神就是科学本身的"第一动力"。

　　笔者在三十多年的国防工程实践中，参与了众多重大工程的论证和建设，尤其幸运的是在航空母舰这一巨大系统工程上承担了一个复杂大系统的总师工作，走过了绝大多数国防前辈们走过的道路，也就是在西方"还原论"主导下的"降维解析"方法——将所面对的问题尽可能地细分，细至能用最佳的方式将其解决为止。随着信息技术的不断进步，系统的组成也越来越大、越来越复杂，复杂性的本质就是复杂和不确定，降维解析就是把复杂性问题分解成若干个简单问题解决，把不确定问题分解成若干个确定性问题解决。但是，我们在实践中发现，有些复杂大系统在降维分解之后，无法再还原或近似还原复杂大系统的本质，使复杂大系统的适应性降低，整体效能发挥受限，这就给研究复杂工程系统的理论方法提出新的需求和挑战。

　　复杂性研究在国内基本都局限在学术界，工程界绝少有人研究这方面的理论和方法问题。受到郭雷院士、管晓宏院士的鼓励，他们希望工程界的科研人员也要关心系统科学，笔者在多年大系统工程实践中开始有意识地研究工程背后的科学问题。在系统工程的发展中研究复杂大系统的工程实现问题，得益于国家重大工程的实体迭代发展，我们有条件在迭代中把发现和提炼的科学问题进行检验，哪怕检验后发现是片面的，也是对系统科学研究的一次大胆探索。

本书以航空母舰航空指挥和保障复杂大系统的工程实践为背景，以复杂工程系统特点为根基，以美、苏（俄）、中的航空母舰效能、特点和规律为对象，以复杂性研究为目标进行了系统性分析和研究。本书直面复杂性研究中的复杂和不确定两大本质特征，在大量复杂性工程研究方法的比较中，从控制和引导复杂性和不确定性向有利于工程需要发展为目的，探索出一条从降维到升维、由解析到映射的创新设计之路，创造性地提出了复杂性研究的基于"V++"的工程设计新方法和体系生命力的新理论构想，为复杂工程系统研制开辟了一条新的路径，为复杂科学研究和复杂社会治理提供了一个新的思路。

　　本书分为三部分，共 9 章。第一部分主要系统梳理了复杂工程系统的概览（第 1 章）；第二部分主要是以美国和俄罗斯航空母舰航空指挥和保障复杂工程系统为应用案例（第 2 章），从解决复杂工程系统的一般降维解析方法出发，重点阐述了复杂工程系统常用的几种方法，包括面向能力（第 3 章）、基于体系架构（第 4 章）、模型优化（第 5 章）和流程连接（第 6 章），并对几种典型方法进行了设计实践的分析，比较了每种方法的优点和缺点；第三部分是在上述多种复杂工程系统设计实践方法的应用和优缺点比较（第 7 章）中，根据新技术的出现和新需求的要求，从降维到升维，从物理系统到信息物理融合系统，创造性地提出了复杂性研究的映射升维新方法——基于"V++"的复杂工程体系设计理论和方法（第 8 章），并提炼了基于"V++"模型和 DE-CAMPS 模型的复杂工程体系设计核心要素，对后续复杂工程系统向体系工程发展、设计方法向设计平台进化、方法论向科学理论发展进行了展望（第 9 章）。

　　本书的研究纯粹是一位科技工作者的良好愿望、大胆假设和谨慎求证的探索，笔者力图通过典型复杂工程系统实践，为大家提供一套较为完整的复杂工程系统设计方法，构建初步的体系工程理论架构，推动复杂工程系统向体系工程的发展和系统工程理论的再发展，为系统科学的发展贡献工程界的力量。在出版过程中，张先超、田秀平对本书做了细致的审校工作。由于笔者水平和视角有限，如有不当之处，欢迎探讨和指教。

　　本书从最开始些许的工程实践经验，到系统工程理论的提炼与实践验证，再到撰写成书并即将付梓，经历了较长时间的思考与打磨。在此过程中，首先要感谢的是郭雷院士与管晓宏院士，他们是本套丛书的顾问，郭院士带

领国内系统科学的研究者们掀起了系统科学研究的热潮，启发笔者从系统科学与系统工程融合的视角去审视复杂工程系统，郭雷院士也给本套丛书写了推荐序。然后要感谢青岛海洋科学与技术试点国家实验室的吴立新院士，吴院士致力于推动海洋复杂性与非线性研究，是两大典型工程系统"透明海洋"工程的提出者以及"智慧海洋"工程的推荐人，并且也亲自为本书写了推荐序。还要感谢国家自然科学基金委以及栾恩杰院士。2018 年国家自然科学基金委举办的双清论坛的主旨就是科学与工程的紧密结合，论坛上栾恩杰院士发表了"科学、技术与工程无首尾逻辑关系"主题演讲，同样给笔者很大的启发，很荣幸栾院士也对本书的出版给予了关心，给本书写了推荐语。还需要感谢的是国防大学的胡晓峰教授和北京师范大学系统科学学院的狄增如教授。胡教授是原中国仿真学会的副理事长，是我国军事工程仿真领域的领军者，狄教授是原北京师范大学系统科学学院的首任院长，他们分别作为国内装备系统领域复杂性研究与系统科学领域复杂性研究的佼佼者，都给本书提出了很多中肯的意见，并写了推荐语。最后还要感谢本书的其他合作者们，一直以来，大家本着科学、求真的态度一起研讨书稿，力求精益求精。

　　本书可供从事系统工程、体系工程、系统科学和复杂性科学相关领域工作的研究人员、管理人员、工程技术人员及高校师生参考阅读。管理者和系统工程、复杂性研究的业余爱好者，可以只看第 1、2、7~9 章以及第 3~6 章的开篇和小结。

2020 年 11 月

目 录

复杂工程系统综述

　　1984 年，来自不同学科领域的 24 位科学家齐聚美国新墨西哥州的高原沙漠圣塔菲讨论"科学中涌现的综合"。这些人的目的是筹划建立一个新的研究机构，致力于研究各种高度复杂和相互作用的系统，这些系统只有在交叉学科的背景下才能研究清楚，从而推动知识的统一和共担责任的意识。于是，诞生了世界上第一个以复杂性研究为对象的研究机构——圣塔菲研究所。

　　约翰·霍兰先生是美国密西根大学著名学者，是遗传算法之父，曾多次在圣塔菲研究所交流工作。受中国科学院数学和系统科学研究所郭雷院士的邀请，霍兰先生曾多次访问中国，并与数学和系统科学研究院的朋友们讨论研究适应性和复杂性的有关问题，极大地推动了我国学术界关于复杂性研究的工作。遗憾的是，这类谈论和研究仅仅局限在学术界，而没有引起工程界的广泛关注。

　　"蚁群"或"蜂群"的行为研究越来越热，尤其是在智能技术进入各行各业的今天，在不存在中枢控制的情况下，大量简单或低智能个体如何涌现出"智能"的复杂群体，目前还没有人知道其明确的机理，但这正是复杂性研究所关心的问题。

　　随着信息技术的不断进步，信息的交联已经把工程系统的规模搞得越来越大、越来越复杂，同时也使得庞大的工程系统越来越找不到能胜任的指挥官。"海湾之后无名将"——海湾战争开启了信息化战争，同时也消灭了能名垂青史的指挥名将。复杂系统采集的信息越多，需要能自主化处理的单元

越多，而无须、也不能把所有的信息都交给一个决策者来处理，这使得过去的有中央控制的工程系统逐渐向扁平化、弱控制的工程系统发展，随着智能装备的出现与广泛应用，自组织的复杂工程系统也会成为现实。

工程界如何研究复杂性，如何定义复杂工程系统，还处于刚刚起步的阶段，但是"不想远离海岸线，就别想发现新大陆！"让我们加入复杂性研究的系统科学队伍中吧，让我们用工程实践去验证一个个大胆的假设和预判吧。

"只有相信，才能看到"，让我们启航吧！

1.1　复杂系统

1.1.1　理解世界的复杂性

诺贝尔物理学奖得主，"夸克之父"，同时也是圣塔菲研究所的创始者之一的美国物理学家默里·盖尔曼是复杂性科学研究的重要先驱者，他在其著作《夸克与美洲豹》中用简单的最小粒子夸克和复杂生命体中的杰出代表速度与力量的象征者——美洲豹，来隐喻世界从简单到复杂的漫长进化演变过程。一下子把人们的视线定格在对世界复杂性的惊叹中。夸克是构成所有物质的基石，美洲豹当然也是由一堆夸克和电子组成的，但美洲豹表现出了惊人的复杂性，它矫健而又机敏，是哺乳类动物中的佼佼者[1]。当然，智慧的人类才是这场漫长的复杂进化历程的最顶端，因为人还进化出了精神世界，有了更为复杂的道德与文化系统。下面来系统性地梳理我们所处的复杂世界。

从规模横向看，钱学森将世界按大小划分为渺观、微观、宏观、宇观和胀观五个层级，每个层级间的跨度是 10^{19} 米[2]。目前人类的理论认识尚处于微观、宏观与宇观这三个层级。在微观层级，夸克等基本粒子组成了电子、质子与中子，后者又组成了原子与分子。在宏观层级，原子与分子组成了大千世界，生命特性又将宏观世界分为有机世界与无机世界两大类，复杂系统的层次与系统类型如图 1-1 所示。无机世界是我们的地球环境中的物理、化学系统，包括山川、河流、土壤、矿物等。从美国火星探测器发回的照片可以看出，宇观层级的宇宙星系也都是由与地球类似的矿物组成的。在有机世界里，品种多样的动物与植物构成了我们的自然生态系统。而人类作为生物链的顶端，除个体的生理系统外，个体人的精神系统汇聚在一起，构成了我

们的社会系统，社会系统里又有道德、文化、法律和经济等复杂大系统。人发挥主观能动性，为改造客观世界又建造出人造工程系统。以上就是我们所处的世界以及存在的系统类型。从时间纵向看，我们的世界无时无刻不处在动态演化过程中。无机世界中物理与化学的演化，造就了元素周期表中丰富的元素以及它们之间的化合物。有机生命从最初的蛋白质大分子，质变到单细胞生物，再逐级进化，形成了多姿多彩的植物和动物，乃至最高级的生命系统——人。于是便有了我们现在的复杂世界。

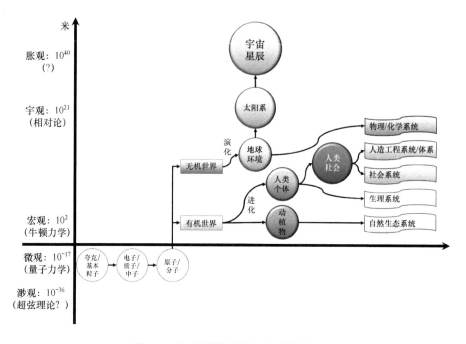

图 1-1　复杂系统的层次与系统类型

认识和理解系统及其复杂性为什么重要，可从以下两点去考虑。

一是我们的世界无不由系统组成，而复杂性是系统的本质属性。我们知道，系统之所以成为系统，不仅仅是由其组成决定的，更重要的是组成之间的关联关系，这种关联关系涌现出来的整体属性使之成为系统。在对系统进行还原分析时，系统组成之间的内部规律是极其复杂的。即使是简单的氢原子，我们将组成它的质子、中子和电子按任意的方式排布，也可能得不到一个氢原子，更何况复杂的生命系统。正是因为系统科学研究的是系统的一般性的组成与演化规律，而各学科的研究对象要么本身是系统，要么从属于某

一个系统，因此用联系的和动态的系统科学思维来指导各学科的研究就非常有意义。

二是人们的研究工作归根结底是为了更好地指导对客观世界的适应与改造，即构造人造工程系统，这是系统工程的研究范畴。钱学森在其构建的系统科学体系中，包含了工程技术、技术科学、基础科学与哲学四个层次，如系统工程属于工程技术层级，运筹学、控制论与信息论属于技术科学层级，钱学森构建的科学技术体系体现了理论对工程实践的指导意义，我们研究系统科学，就是为了更好地指导系统工程实践，并借此改造客观世界。但是，随着技术的进步以及改造客观世界需求的越来越深入，人造工程系统的规模也越来越大，复杂程度也越来越高，人造工程系统的不确定性和异常状态给人类带来了很大的困扰。历史上的切尔诺贝利核电站事故和日本的福岛核电站事故都属于复杂的人造工程系统运行中出现不可控问题，而造成了人类的大灾难。

1.1.2　复杂系统理论概览

纵观复杂系统的发展历程，有两条主线，其中一条以"复杂性"科学的发展历程为主线，另一条以系统科学为主线。国外对于复杂系统的研究主要沿着"复杂性"科学的路线，主要经历了 3 个阶段：一般系统理论阶段、系统自组织理论阶段和复杂性系统科学理论阶段。在此过程中，涌现出一批具有开创性眼光的英雄人物，推动了复杂性系统科学的发展，图 1-2 所示为复杂性系统科学发展群英谱。

系统科学是伴随着人类对外部世界的认识，即自然科学的发展而发展的。在人类科学发展史上，以 1900 年为界，有着截然不同的状态。1900 年前的西方科学界，到处洋溢着大事已定的自信氛围，特别是在物理学上，人们认为已经达到相当完美、相当成熟的程度，一切物理现象似乎都能够从相应的理论中得到满意的解答。正如同物理学家迈克尔逊 1894 年说的那样："大部分大的基本原理似乎已经被明确建立起来了，今后的进展主要是将这些原理严格应用到值得我们注意的一些现象中去。"此时在空间观上主要以欧几里得三维几何空间认识为主；时间观上认为时间只是标量，宏观物体的运动在时间上是可逆的；动力学原理上以牛顿的力学三大定律为依据；而因果观上，还原论与机械决定论占统治地位。1900 年以后，随着量子力学、统计物理学和相对论的相继问世，"系统"所处的时空观、因果观和动力学

原理都发生了巨变。固定的时空观被弯曲的时空观取代；系统所处的范围被划分为宇观、宏观与微观三个世界，动力学原理上按不同世界范围，适用不同的动力学原理，宇观适用相对论、宏观适用牛顿三定律、微观适用量子力学；因果观上，决定论由不确定性和概率论取代。虽然此时"系统"的概念尚未形成，却对后续系统科学的发展产生了深远影响，启迪着那些思考世界本质的研究者们。

图 1-2 复杂性系统科学发展群英谱

（1）20 世纪 20—60 年代 一般系统理论阶段

贝塔朗菲的一般系统论、维纳的控制论和香农的信息论是这个阶段的代表性成果，标志着系统科学的兴起。虽然整体的、系统的思维历史上一直都存在，亚里士多德曾说过"整体大于部分之和"，但是直接提出系统的概念，并从一般意义上去探求系统的属性与规律，还是从贝塔朗菲的一般系统论开始的。他提倡运用整体论的观点，用逻辑与数学的方法来研究和描述系统的一般性规律，研究的系统是一个包含物质的、心理的和社会文化的分层次的系统集合，而非仅是自然界的物理、化学系统。同时期发展的系统科学理论还包括维纳的控制论和香农的信息论。维纳从工程和生物医学中获得灵感，他参与过防空火炮的研究工作，设计防空火炮的自动控制装置，并从中领悟出了反馈机制，反馈是控制论的精髓，他也提出了学习与繁殖的概念，认为

机器不仅能够通过信息与通信达到控制和反馈，还能够自我学习和自我繁殖，他的最终目的是实现所谓的"智能机"。香农是信息论的奠基人，主要基于以下两点贡献：一是他提出了信息的定义，明确地把信息量定义为随机不定性程度的减少，或定义为信息是确定性的增加；二是他提出了信息的度量公式，为信息论和数字通信奠定了基础。

贝塔朗菲的一般系统论提出从系统的视角构建了系统的架构并指出了系统的属性，维纳的控制论描述了系统内部达到稳定的控制规律，而香农的信息论是系统进行控制的度量与依据。三者构成了一般意义上的系统适应外部环境，维持自身稳定的一整套理论依据，因此它们合在一起称作"一般系统理论"。一般系统理论打破了还原论的统治地位，为科学研究提供了全新的系统视角，为工程领域的自动化与稳定控制提供了理论依据。此三论奠定了后续系统科学研究的基础，开启了系统科学研究的新思潮。正如冯·诺伊曼在提出计算机原理的过程中说的那样：通过对"电脑"和人脑的比较认识了思维的复杂性；通过研究机器能否像生物那样具有自复制能力，了解了生命现象的复杂性；通过把博弈论应用于经济问题而了解了社会的复杂性。诺伊曼据此得出结论："阐明复杂性和复杂化概念应当是 20 世纪科学的任务，就像 19 世纪的熵和能量概念一样"。

（2）20 世纪 60—80 年代　系统自组织理论阶段

普利高津的耗散结构论、哈肯的协同论、托姆的突变论与艾根的超循环结构论等自组织理论是这个阶段的代表性成果，标志着复杂性研究在自组织理论方面已经取得了比较明确的成果。耗散结构理论紧紧围绕一个重要的物理概念——"熵"展开。熵由德国物理学家鲁道夫·克劳修斯在 1854 年提出，用于度量内在混乱程度。热力学第二定律有一个熵增描述，即在一个孤立系统里，如果没有外力作用，其总的混乱程度（熵）会不断增大。基于此，克劳修斯提出了著名的"宇宙热寂说"，宇宙最终将归为一片死寂。普利高津从热力学研究的角度，提出了耗散结构理论，指出开放系统在远离平衡态时，在外界保持能量输入的条件下可以保持暂时的稳态。耗散结构理论打破了克劳修斯消极的热寂说，明确指出了系统远离平衡态的耗散结构的存在，这对于系统科学的理论指导来说意义非常重大，熵增定律与耗散结构已成为宏观状态下系统状态演变的普适性指导理论。协同论是哈肯在研究激光的发生过程中获得的启发，激光产生前是光波之间的竞争与选择的过程，一旦确立选择，所有的电子都受某种光波的支配，使得光波迅速得到加强而产生激

光。哈肯从激光的理论模型出发，发现在系统从有序到无序的相互转变中，都存在着稳定态与非稳定态在相空间中共存且呈现相互合作的现象。从而得出一个重要结论：大量性质完全不同的系统，在状态发生变化过程中都存在着一种深刻的相似，即它们都是子系统相互协同合作的结果。而协同学的使命就是要探讨是否存在支配生物界和非生物界结构和功能的自组织形成过程的某些普遍原理。哈肯的协同学的意义在于他解决了耗散结构理论并未回答的问题，即新的耗散结构是如何产生的，协同学指出系统内部子系统间的自组织协同产生了新的非平衡稳定结构。一般认为，数学进入某一领域，才代表该领域真正走向成熟。针对系统的状态变化到底是通过渐变实现的还是通过"飞跃"实现的问题，托姆通过统一的数学模型来描述、预测和控制系统的突变现象，为系统科学的研究提供了数学手段。艾根的超循环结构理论关注的是生命的起源问题，即最初始的蛋白质大分子是如何从无机世界实现"非生命"到"生命"的飞跃的。艾根指出，在化学进化阶段与生物进化阶段之间还存在一个分子的自组织阶段，在这个阶段中，要求既能产生、保持和积累信息，又能选择、复制和进化，以形成统一的细胞机构，从而保证生命从无生命中涌现出来。这种大分子的自组织过程就是超循环结构。超循环具有一种"一旦选择便永恒"的选择机制，且是一种自复制循环，从而确保进化的成果得到保存和累积。

　　如果说一般系统理论解决的是系统在某一时间剖面上的组成、结构与稳定控制问题，那么自组织系统理论基本上解决的是系统在生命周期时间尺度内的动态演化问题。耗散结构理论明确了系统除平衡态的稳定结构外，还有远离平衡态的耗散结构，并且指出了达到耗散结构的条件。协同学则研究了系统在结构上如何达到耗散结构，即通过系统内部的竞争与协同的促进。突变论则从数学的角度描述了系统状态变化的一般规律，为自组织系统理论的发展提供了数学工具，提升了自组织系统理论的成熟度。而超循环结构理论则从分子生物学的角度，探寻了生命系统质变与进化的机理。上述四个理论对于理解我们所处的世界的系统自组织进化过程提供了理论指导。

　　（3）20 世纪 80 年代至今　复杂性系统科学阶段

　　这是复杂性科学真正诞生的时代，它是在自组织理论和分形、混沌等非线性科学理论的基础上发展起来的。人们一定惊叹于自然界中事物外在形态、几何图形的千变万化，但在这变化之中有着一种神奇的性质——自

相似性。无论是植物、动物、物理现象还是地形地貌，都能找到自相似对象，包括人体的血管、肺部、神经系统等的构造上也具有高度的自相似性。自相似概念被数学家们所发现并利用，构造出了令人惊奇的曲线，如科赫曲线和谢尔宾斯基三角形等。美国数学家曼德勃罗把这种几何上的自相似性发展成一门新的几何门类——分形。美国气象学家洛伦茨在实验室研究气象预报模型时，稍微修改输入的值，得到了变化非常大的输出结果，洛伦茨敏感地抓住了这次机会，发现了混沌现象，即非线性的确定性系统对初值的敏感性现象。如果说量子力学打破了微观世界的确定性，混沌则打破了人们对宏观世界确定性的认识，随着人们对混沌现象的不断深入研究，更进一步确信了混沌才是我们所处世界的本质。而 1984 年圣塔菲研究所（Santa Fe Institute，SFI）的成立，让复杂性科学成为一门专门的学科，极大地促进了复杂性系统科学的发展。圣塔菲研究所把计算机作为从事复杂性研究的最基本工具，用计算机模拟相互关联的繁杂网络，霍兰提出了"适应性造就了复杂性"的论断[3]，并引入了复杂适应性系统（Complex Adaptive System，CAS）的概念。CAS 成为圣塔菲研究所的主要研究对象，也是当前复杂系统研究的热点之一。1985 年 *Journal of Complexity* 创刊，对复杂性问题的研究起到了很大的推动作用。1999 年 4 月 2 日出版的 *Science* 特别编辑了复杂系统专辑，足见当时国际上复杂系统研究的热门程度。

分形与混沌一方面从几何和代数的角度对非线性系统的演化进行了描述，为开展复杂系统研究提供了数学基础；另一方面分形与混沌代表了自然界的普遍规律，为人们认识自然提供了全新的、客观的视角。复杂适应系统理论在规模尺度上揭示了复杂系统适应外部变化，不断演化的动力机制。而遗传算法则从时间尺度上揭示了复杂系统代系演化过程中的动力机制。非线性与复杂性更加接近系统的本质，并将系统科学推进到了复杂性系统科学的新高度。

总结系统科学发展的历史，我们可以从历史唯物观的角度回顾过去，从科学发展观的角度展望未来，表 1-1 给出了系统科学发展的历史唯物观。在新技术迅猛发展的今天，系统科学的复杂性研究必将迎来新理论、新方法的黄金发展期。

表 1-1　系统科学发展的历史唯物观

年　代	技术阶段	标志性技术	代表性理论	代表性人物	本质特征	基本属性	发展趋势分析	工程方法	自然映射	工程映射
20 世纪前	第一次工业革命	蒸汽机	力学三大定律	牛顿	决定论还原论	无中心化	机械力替代人力	无序的工程管理	细胞	汽车
↓	↓	↓	↓	↓	↓	↓	↓	↓	↓	↓
20 世纪初—40 年代	第二次工业革命	电动系统	相对论量子力学	爱因斯坦	非决定论还原论	无中心化	电力替代人力	无序的工程管理	组织	飞机
↓	↓	↓	↓	↓	↓	↓	↓	↓	↓	↓
20 世纪 50—90 年代	第三次工业革命	计算机	控制论信息论协同学等	维纳	系统论	趋中心化	自动控制部分替代人的控制	系统工程实践	器官	导弹系统
↓	↓	↓	↓	↓	↓	↓	↓	↓	↓	↓
20 世纪 90 年代—21 世纪初	过渡阶段	机器人	复杂适应系统理论人工智能	霍兰	复杂性与非线性	弱中心化	部分替代人的脑力	规范的系统工程方法	个体	航空指挥保障系统
↓	↓	↓	↓	↓	↓	↓	↓	↓	↓	↓
21 世纪初—当前	第四次工业革命	AlphaGO数字孪生无人机群	CPS	DeepMind, HP	映射、交互、协同	强中心化	部分超越人的脑力	基于模型的系统工程（MBSE）	族群	数字航空母舰编队
↓	↓	↓	↓	↓	↓	↓	↓	↓	↓	↓
21 世纪中期	第五次工业革命?	深度融合的人机工程体系	体系生命力	CHINA	适应、学习、进化	去中心化	超越人脑	虚实映射V++模型	生态	海战场力量体系

1.1.3 圣塔菲研究所与复杂性研究

提到复杂性理论研究，一定离不开圣塔菲研究所的身影。圣塔菲研究所是一个位于美国新墨西哥州圣塔菲市的非营利性研究机构。1984 年，美国新墨西哥州洛斯阿拉莫斯国家实验室主任（美国原子弹与氢弹诞生地）乔治·考温、诺贝尔物理学奖得主默里·盖尔曼（Murray Gell-Mann）、菲尔·安德森（Phil Anderson）和经济学奖得主肯·阿罗（Kenneth Arrow）等一批志同道合者的科学家们，致力于建立一所不设置任何院系的主要开展跨学科研究的研究机构，地点设在圣塔菲市，称作圣塔菲研究所。乔治·考温作为第一任所长，默里·盖尔曼作为第一任主席。

乔治·考温在他的回忆录《从曼哈顿计划到圣塔菲研究所》中详细记录了圣塔菲研究所成立的经过[4]。乔治·考温非常不认可当时的科学界将自然科学与社会科学割裂开来，而且两个阵营之间轻视彼此的现状。乔治·考温认为，自然科学家应该更多地参与到探索复杂的社会系统的非线性动力学当中来。默里·盖尔曼也一直梦想建立一所不设置任何学科的，专门研究学科间交叉科学的研究机构，可谓一拍即合。因此圣塔菲研究所成立的初衷便是打破传统学科间的固有界限，但在开始时如何打破没有一个明确的方案，经过一段时间的讨论与探索，才找出自然科学与社会科学中共同的兴趣点，那就是复杂性。从此复杂性研究成为圣塔菲研究所的共同话题，全世界的学者们凝聚在这里，共同探讨各个学科领域的复杂性问题，使得圣塔菲研究所成为全世界研究复杂性问题的圣地，聚集了一大批优秀的科学家。在这里霍兰提出了遗传算法与复杂适应系统（CAS）理论，并成为圣塔菲研究所在复杂性研究方面新的共识。兰顿提出了人工生命理论，斯图亚特·考夫曼开展了生命起源的研究，侯世达开展了强人工智能的研究，他的学生米歇尔·梅拉尼出版了曾风靡全球的介绍复杂性的书——《复杂》，杰弗里·韦斯特研究了复杂世界里的简单法则——规模。

圣塔菲研究所不依附于任何组织，仅依靠其强大的影响力获得了大量的资金支持，既保持了研究方向的独立性，也保持了非营利性的初衷。圣塔菲研究所只有少量的正式员工以维持研究所的日常运转并为研究人员提供必要的服务，但广邀在复杂性理论研究领域有创新想法的研究人员到圣塔菲来进行不同期限的研究工作，并为这些研究人员搭建了自由交流思想，碰撞火花的平台。总之，圣塔菲研究所为跨学科的复杂性理论的研究应用推广做出

了非常重要的贡献。

1.1.4　复杂系统特征分析

综合来看，复杂系统的本质特征在于它的复杂性和不确定性，定量地讲系统模型是高维、高阶的，具有多输入、多输出；定性地讲系统具有非线性、外部扰动、结构与参数的不确定性，有复杂和多重的控制目标和性能指标。具体地说，复杂系统一般具有以下特征。

（1）系统性

系统性也称作整体性，是指复杂系统的各个部分构成了一个联系的整体，共同达成特定的、系统的部分无法完成的整体性目标，体现了系统 1+1>2 的特性。系统性强调应该运用全面的与联系的观点来审视系统，考察系统内部各部分之间的关联关系，以及系统与其所在环境之间的关联关系。

（2）规模性

复杂系统的规模庞大，维数很高，子系统的数目、变量的数量巨大。例如，研究一个省的经济模型就可能涉及成百上千个变量。规模作为系统的一个属性时，一方面，规模的扩大会增加系统的复杂性，而另一方面，系统的规模也不会无限地扩大，在系统其他属性的约束下，而呈现出一定的规律性。例如，一个生态系统中每一种物种的规模都是处在一种动态平衡中，体现的正是系统的自组织性与适应性。

（3）层次性

从系统的定义来说，系统是具有层次嵌套的，复杂系统往往可分解为多层次结构。层次性又与涌现性互为因果，因为涌现特征总是系统在低层次指向高层次的，都是低层次所不具备的发生"质变"生出的新特性。

（4）非线性

复杂系统的一个重要特征就是非线性，这些非线性动态行为，往往是由一定数量（或大量）非线性元件（或子系统）的组合及其相互作用而产生的，本质上不同于线性元件的组合及其相互作用。实际上，复杂系统中的非线性因素（内部及环境的）及它们之间的相互作用是形成复杂性的重要条件。例如，卫星的定位与姿态控制过程，船舶尾部升沉的预报与控制过程，以及机器人的运动控制过程等，只能采用表征大范围的非线性微分方程来描述。

（5）涌现性

系统之所以能成为系统，必须有它的整体性特征，这些是系统的各成员部分所不具备的，在这里称作涌现。对复杂系统来说，其涌现性尤为突出，且不易被人们所完整地认识，即复杂系统常具有尚未被认知的涌现性，正向涌现给人以惊喜，而负向涌现给人们带来挑战。

（6）不确定性

规模、非线性与未知涌现性给复杂系统带来了很大的不确定性。按照系统科学里的混沌理论，非线性确定系统本质上是混沌的，但混沌是局部的不确定性与整体确定性的辩证统一，就像洛伦兹的奇异吸引子那样，脱不开奇异吸引子的范围，而复杂系统的不确定性更是需要认知和管控的一个重点。

（7）次优性

由于复杂系统中往往存在多个目标，且相互影响，系统的控制目标往往不可能有唯一解，导致控制目标在寻优的过程中，只能达到"次优"或"满意"的程度。

（8）自组织性

自然复杂系统内部的有序结构或这种有序结构的形成过程是由系统成员之间自发形成的，是系统内部各成员遵循的规律的综合涌现，如大自然的繁衍生息。人造复杂工程系统的设计，就是要构建好有利于系统成员联系的有序结构，并制定有利于系统稳定和效能实现的演化规则。

（9）有机性

自然复杂系统的成员虽然是自组织的，但随着成员系统之间复杂的交互关系，在整体上往往表现出一定的有机特性来，在系统的外界环境发生改变时，复杂系统通过内部的调节和规则的变换，维持相对的稳定性，从而表现出一定的有机适应能力，类似于有机生命系统的自适应能力。

1.2　复杂工程系统

1.2.1　复杂工程系统内涵

工程（Engineering）最早产生于 18 世纪的欧洲，其本义是兵器制造、军事目的的各项劳作，后扩展到许多领域，如制造机器、架桥修路等。我国的殷瑞钰、李伯聪与汪应洛等在《工程演化论》中对工程进行较为全面的定

义，即工程是人类有目的、有计划、有组织地运用知识（技术知识、科学知识、工程知识、产业知识、社会−经济知识等）和各种工具与设备（各种手工工具、各种动力设备、工艺装备、管控设备、智能性设备等）有效地配置各类资源（自然资源、经济资源、社会资源、知识资源等），通过优化选择和动态的、有效的集成，构建并运行一个"人工实在"的物质性实践过程。从定义中可以看出，工程是一种对科学、技术、人力、资源的综合运用，其目的是构建一个有助于人们改造客观世界的"人工实在"[5]。因此工程系统是一种人造系统，是一种在自然系统基础上人工再创造的结果。随着人造工程系统的规模越来越大，以及内部的关联关系越来越复杂，便出现了复杂工程系统。例如，如果建一间房子是一种简单的工程系统，那么建一座城市，就是复杂工程系统了。

卡内基梅隆大学的复杂工程系统研究所（Institute for Complex Engineered Systems，ICES）是一个专门针对复杂工程系统进行研究的机构，它的研究主要面向复杂工程设备、过程和系统中的多学科领域。麻省理工学院的 SEARI（Systems Engineering Advancement Research Initiative）主要工作则是将有效的系统工程理论、方法和实践应用到复杂社会和工程系统中，其主要研究成果包括多属性决策空间探索法（Multi-Attribute Tradespace Exploration，MATE）设计，基于生存性的复杂系统设计等。

国内对于复杂工程系统的研究是从系统科学的角度开展的，主要源自钱学森开创的"开放的复杂巨系统"的研究。1989 年年底，钱学森发表的"一个科学新领域——开放的复杂巨系统及其方法论"标志着复杂工程系统的建立，并沿着该思路又相继提出了人机结合、从定性到定量的综合集成研讨厅体系。中国科学院自动化所复杂系统与智能科学重点实验室将人工系统、计算实验、并行分布式计算等方法，同钱学森的集成方法相结合，推进了复杂系统的研究工作。国内其他从事复杂系统相关研究的机构还包括中国科技大学非线性科学与复杂系统研究中心、清华大学系统集成研究所以及北京师范大学系统科学学院等。

对于复杂工程系统，不同学者根据自己的理论研究和应用成果，给出了不同的定义。李伯虎院士指出，复杂工程系统是指一类具有"系统组成关系复杂、系统机理复杂、系统的子系统间以及系统与其环境之间交互关系复杂和能量交换复杂，总体行为具有涌现、非线性，以及自组织、混沌等特点的工程系统"。

邓方林教授认为复杂工程系统有两种含义：一是根据特定的复杂系统的模型所设计出来的工程系统，即当人们掌握某种复杂性现象的规律和本质后，可以依照要求设计出一种工程系统来还原这种复杂现象。二是人们设计的不具有复杂性的工程系统，由于系统规模的扩大和关联关系的复杂化，或是由于引入新的设计需求而带来的设计准则的冲突，使系统呈现了原来没有的复杂性。

Bloebaum 教授将复杂工程系统定义为这样一类工程系统：系统内部存在着紧密耦合的相互作用，这些作用所产生的共同行为是不能由各部分行为简单相加而能够得到的。她认为本质上这类系统是高度跨学科的系统，系统中这些跨学科耦合关系的存在甚至有可能导致一些不合理的结果。

虽然不同学者给出的定义有所差别，但可以看出复杂工程系统在本质上仍属于复杂系统，具有复杂系统应有的一般特性。

1.2.2 复杂工程系统设计方法

复杂工程系统设计是实现系统优化的科学，是一门高度综合性的管理工程技术，复杂工程系统设计科学框架如图 1-3 所示，涉及设计哲理（敏捷、迭代、协同等）；设计理论（系统工程理论、体系工程理论等）；设计过程与方法（体系结构设计、功能设计等）、专业基础知识（如系统科学、运筹

图 1-3 复杂工程系统设计科学框架

学、控制论等）等。复杂工程系统设计的主要任务是根据总体协调的需要，把基础思想、理论、策略、方法等从横的方面联系起来，应用现代数学和计算机等工具，对系统的构成要素、组织结构、信息交换和自动控制等功能进行分析研究，借以实现最优化设计的目标。

通过对产品设计理论与方法、软件设计理论与方法、系统设计理论与方法的研究，提出了复杂工程系统设计方法体系，如图 1-4 所示。

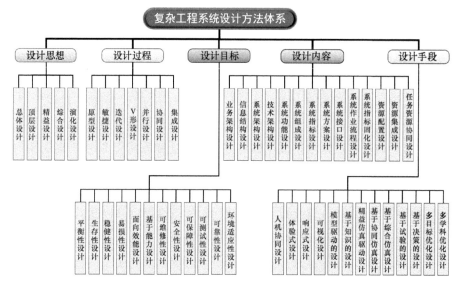

图 1-4　复杂工程系统传统设计方法体系

从传统复杂工程系统设计方法体系可以知道，系统的设计还是简单系统的放大版，虽然涉及面更广、协调内容更多、不确定性更大，但是方法并没有本质区别，虽然依然是基于过程的工程实物迭代。大量工程实践证明，针对不同阶段、不同对象的设计方法的选择存在较大的随意性，这与目标系统的成熟度、设计师的水平、建造的工艺和工程的造价等都直接相关，甚至让设计者、管理者和用户无所适从，而且复杂工程系统关键的不确定性和涌现性等特性无法得到有效的设计和管理，造成设计结果差强人意。复杂工程系统一般都是周期长、造价高、风险大，上马不好回头，而且是所在领域体系生态的重要组成，因此，工程界也急需在新技术支撑下的新方法的出现。

1.3 复杂工程系统的设计过程指导——系统工程

1.3.1 系统工程概述

系统工程是人们对工程系统建造过程中最佳实践的提炼与总结，在工程领域为人们所推崇，不仅能够提高工程建造的效率，还能提升工程系统的质量水平。那么什么是系统工程呢？我们先来考察一下一般的工程建造过程。

一般的工程过程大体上可分为设计、建造、验证和运行四个主要过程。设计的过程是工程师根据需求目标以及掌握的现有相关技术知识，从逻辑上选择出工程系统的组成单元以及组成单元之间的交互，考虑到实现的可行性，设计过程受到现有技术水平的限制，更准确地说是受到设计者掌握的技术知识水平的限制。而建造的过程是将设计的逻辑系统转化为物理实体系统的过程。建造过程涉及人力、资金和时间的统筹安排，必须考虑在资金预算和工期预算之内完成建造任务，这通常用计划评审技术（Pert）来筹划任务的时间和先后顺序，以排出合理的工期。验证是将建造的结果与需求和设计进行比对的过程，检验建造的系统在功能与性能方面是否符合设计要求以及用户的真正需求，验证通过后系统投入运行使用，未通过则需要返回需求，进入下一个迭代循环。典型工程建造过程模型如图 1-5 所示。因此系统工程的重点是将一项工程的建造过程分阶段实施，以及如何对每一个阶段进行有效的组织管理。钱学森给系统工程下的定义是，系统工程是组织管理系统的规划、研究、设计、制造、试验和使用的科学方法，是一种组织管理的技术。

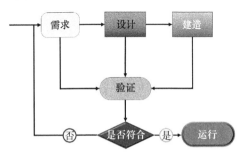

图 1-5　典型工程建造过程模型

工程系统能否发挥预期的功效，还与系统的质量关系密切，因此系统工程在发展过程中吸收了质量管理的部分思想，与质量管理过程进行了融合。

我们知道，质量管理的发展经历了质量检验（Quality Testing，QT）、统计质量控制（Statistical Quality Control，SQC）与全面质量管理（Total Quality Management，TQM）三个阶段，逐步形成规范过程、定量控制、预防为主、持续改进等全面质量管理的思想。系统工程吸收了全面质量管理中的过程管理与定量控制等思想，形成了如《系统工程手册》（第四版）中包含 30 个标准过程的系统工程过程模型（由国际系统工程协会（INCOSE）所编），如图 1-6 所示。

图 1-6　INCOSE 系统工程过程模型[6]

1.3.2　系统工程的降维解析过程

传统的系统工程过程本质上是一种以西方"还原论"主导下的"降维解析"过程。

笛卡儿将还原论方法描述为："将面临的所有问题尽可能地细分，细至能用最佳的方式将其解决为止"。人工智能领域的著名学者侯世达也曾这样评价还原论，说还原论是对这个世界最自然的理解方式，它是说"如果你理解了整体的各个部分，以及把这些部分'整合'起来的机制，你就能够理解这个整体"。还原论在推动现代科学发展上做出了至关重要的贡献，物理学

上对世界本源的探索，生物学上的解剖学与细胞学都是典型的还原论的应用。但还原论应用在工程建造上也存在着一个很大的弊端，那就是分解的过程必然会造成系统整体性与内部交互性的流失，即使在后期进行了完整的集成，也没法保证流失的系统整体性和内部交互性得到彻底的还原。

　　传统的系统工程方法以霍尔提出的三维结构作为理论框架基础，以 V 模型为过程指导，其设计过程是将复杂的大系统分解为不同的小系统或模块，然后分别实现，再集成还原为大系统。以 NASA 的系统工程为例，包含技术流程与技术管理流程两大类。其技术流程又包含明确利益相关方期望、技术需求定义、逻辑分解、设计方案定义、产品实施执行、产品集成、产品验证、产品确认和产品交付 9 个流程。这 9 个流程实质上是一个传统的 V 模型的过程，经过对系统需求的分解、实现与再集成的过程来实现系统产品。NASA 系统工程过程模型如图 1-7 所示。

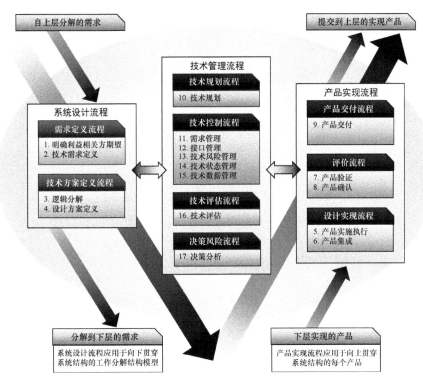

图 1-7　NASA 系统工程过程模型[7]

　　由于系统设计过程中对需求的分解过程是一种从逻辑上的静态分解，分解后必然会带来模块之间交互特征的损失。这种"降维"的过程体现在两方面。

一是从系统的参数维度上，分解过程将复杂的多维度系统，分解为多个小维度子系统或部件，实现了降维。降维后，将一个复杂的大系统问题分解为多个小系统问题，为各个部分的优化设计提供了便利，但同时也造成了系统的整体性缺失，而系统整体性往往是一个复杂工程系统研制成功的关键。在足球比赛中，将每一个位置上世界上最优秀的球员组成一支队伍，并不能确保整支球队的强大，关键还要看球员之间的配合。相反地，钱学森在介绍其《工程控制论》时指出："我们有办法利用不十分可靠的元件做出非常可靠的系统"，这正是系统整体性 1+1>2 的优势。因此传统系统工程参数维上的降维解析方法有利有弊。

二是从时间维度上，静态分解过程影响了系统在时间上的动态演化特征。系统的整体性状态是一个在时间上连续变化的函数，由系统的各个模块之间通过交互与协作来共同决定。但是，在系统分解以后，系统的各个模块分别设计，系统模块之间的交互关系只有在系统集成后才能建立，并进行调试与验证，因此在系统研制的很长一段时间内，系统在时间上的动态演化特征是缺失的，系统模块的设计特性无法及时映射到系统的整体效能上。

在系统不够复杂时，降维解析过程造成的交互性与整体性特征损失可以在系统集成验证过程中得到很好的修正，或者因为影响小而可以被忽略，从而不会对最终的结果造成太大的影响。但是如果系统足够复杂时，降维解析造成的交互性与整体性缺失只能通过原型系统的不断迭代，逐渐逼近的方式来逐步弥补，而且未必能弥补完整。造成了复杂大系统的研制周期长、代价大、效率低。归根结底，降维解析方法是一种通过降维来规避系统复杂性的方法，是一种对系统复杂性的消极应对策略。

本书力图从传统解决复杂工程系统的"降维解析"方法入手，以一个典型复杂工程系统实例为对象，深入分析比较传统设计方法的优缺点，并针对复杂工程系统的本质——复杂性和不确定性，提出并实践新的解决方法，为复杂工程系统研究探索出一条新路。

1.4　本章小结

本章主要介绍了复杂工程系统设计理论探索提出的相关背景。首先分析了如何理解现实世界的复杂性、复杂性理论的发展历程以及复杂系统的主要特征；然后引出本书的研究对象——复杂工程系统，分析了复杂工程系统的

内涵与传统设计方法；最后介绍了复杂工程系统设计过程的指导方法——
"系统工程"，概要介绍了系统工程的主要内容，以及传统系统工程方法是一
种"降维解析"过程的核心特征，这是当前复杂工程系统的一个主要研究方
法，也是本书研究的创新方法的基础和出发点。复杂性和不确定性是复杂工
程系统固有的特性，设计的过程不是针对固有特性采取回避的方法，而是应
该通过科学地干预，使不确定性得到有效控制、涌现性得到有益引导。基于
V 模型的系统设计更适合功能相对确定、边界相对清晰的综合体，而复杂工
程系统的功能和边界相对"混沌"，所以需要对 V 模型设计予以升维和发展，
这既是本书的目的，也是系统科学努力的方向。

第 2 章

复杂工程系统的典型范例
——航空母舰航空指挥和保障系统

航空母舰（简称航母）作为国之重器，是大国海军的重要标志，也是现代海军作战力量的核心。而航空指挥和保障系统作为"舰-机"协同的纽带，直接影响航空母舰舰载机作战能力的提升，其核心指标是"舰载机出动架次率"。航空指挥和保障系统涉及母舰、舰载机、指挥和保障设施及人员等多个复杂平台，是一类典型"人-机-环"协同的复杂工程系统。本书将以航空母舰航空指挥和保障系统为典型设计范例，探索复杂工程系统的设计原理和方法。

笔者首先系统分析了航空母舰的发展历程，然后围绕舰载机运用模式和特点，总结了航空指挥和保障系统内涵和特征，重点阐述了航空指挥和保障在架次率生成中发挥的作用，并以系统工程理论方法为指导，以工程实践为基础，全面总结和梳理了航空指挥和保障系统设计理论方法，为复杂工程系统理论方法的再发展提供了有力支持。

2.1 航空母舰的历史演变与特点分析

世界一流的国家都拥有一流的海军，而一流的海军必须拥有一流的舰载航空力量[8]。航空母舰在 20 世纪的出现，既改变了海战史，也改变了世界格局。航空母舰的发展是和舰载机、动力技术、电子设备、武器装备的进步以及相关材料和信息技术的发展分不开的，而这些技术和装备的有效组织和形成能力，又与系统科学和系统工程的发展息息相关。

2.1.1 航空母舰历史演变

纵观航空母舰发展的整个历程，划分阶段或类别的方式有很多，可以按照舰船的改装、新建，也可以按照吨位大小，也可以按照动力装置的变化，也可以参照舰载机的升级换代，甚至可以按照起飞方式等，但是归结起来，一般可分成四个阶段。

初期改装的航空母舰可以称为第一代航空母舰，这一代航空母舰主要是用货船改造的，甲板是木制的，飞机以双翼为主；第二代航空母舰是在总结飞机上舰的各方面不足的基础上，专门为作战飞机上舰建造的，单翼飞机开始变成主流，1922—1945 年建造的航空母舰已初具规模，并在第二次世界大战中大显身手；第二次世界大战后建造的现代航空母舰为第三代航空母舰，以喷气式飞机、预警机上舰和核动力装置为特点，以尼米兹级为重要标志；"福特"级航空母舰的出现，开启了第四代航空母舰的序幕，以信息技术为支撑，在智能、无人机应用上开始新的海上霸主竞赛[9]。

1. 第一代航空母舰

飞机上天，把陆战发展到空战。法国大发明家克莱门特·艾德尔在《军事飞行》一书中第一次描述了载机母舰的概念，从此开始了航空母舰的发展历程。

1910 年 11 月，美国飞行员尤金·埃利首次驾驶"柯蒂斯"双翼机从巡洋舰"伯明翰"号前部加装的平台上实现了起飞；次年 1 月，埃利驾驶飞机又在停泊状态的装甲巡洋舰"宾夕法尼亚"号后部加装的平台上利用飞机尾钩钩住制动索着舰成功，这两位勇士的历史性起飞和降落，证明了在舰上起降飞机的可行性，标志着航空母舰雏形的诞生。

在第一次世界大战中，英国海军首先开始了航空母舰的改装研制工作。他们将一艘运煤船改建成航空母舰，命名为"皇家方舟"号（见图 2-1）。虽然从时间维度上看，"皇家方舟"号可以称得上是世界上最早的航空母舰，但严格地说，"皇家方舟"号搭载的是能在水面起降的水上飞机，由母舰上的起重吊杆将飞机吊到水面然后起飞，飞机在水面降落后将其吊回到甲板上，所以它其实是"水上飞机母舰"，而不是真正意义的航空母舰。

1918 年，第一次世界大战后期，英国海军将一艘"暴怒"号航空母舰（见图 2-2）的前、后甲板上的主炮塔拆除，铺上木制的飞行跑道，以甲板中

部的上层建筑为界，舰首的跑道供飞机起飞，舰尾的跑道供飞机降落。"暴怒"号因此成为最早出现的由军舰改装而成的、具有飞机起降功能的航空母舰。由于舰载机的起飞跑道和降落跑道分开铺设，使得在一艘本来长度就极其有限的航空母舰上，起飞和降落的两个跑道都显得过于短小，只有极少数的特别优秀的飞行员驾驶易于操纵的小型飞机，才能完成舰上的起降作业。同时，分段设置的跑道也不利于搭载更多数量的舰载机。

图 2-1 "皇家方舟"号航空母舰

图 2-2 "暴怒"号航空母舰

人们很快便找到了解决这个问题的有效办法，那就是去除两段跑道中间的上层建筑。1918 年 9 月，英国海军将正在建造的一艘客轮改装成具有全通式飞行甲板的"百眼巨人"号航空母舰（见图 2-3）。在改装中，将"百眼巨人"号原有的烟囱全部拆除，改装成从主甲板下面通向船尾的水平排烟道。由于整个飞行甲板非常平坦、空旷，几乎看不到任何上层建筑，因此，这种全新模式的航空母舰又称为"平原式"航空母舰。

图 2-3 "百眼巨人"号航空母舰

　　美国人奋起直追，于 1922 年把一艘运煤船改装成了美国海军的第一艘航空母舰——"兰利"号。与"百眼巨人"号一样，它也是一艘典型的"平原式"航空母舰，舰体的最上方是宽阔平坦的全通式飞行甲板。整个军舰的上部用支架撑起一个飞行平面，就像一辆"带篷马车"一样。烟囱被放倒，桅杆被拆除，指挥塔被布置在全通甲板的下面。

　　从"百眼巨人"号到"兰利"号，英、美两国海军经过艰难探索和反复试验，终于相继改装出了第一代航空母舰，这在世界航空母舰发展史上是一个里程碑。第一代航空母舰都是用其他的军用或民用舰船改装而成的，是因为当时各国海军对这种新型舰种应该具有什么样的模式缺乏明确的认识，因此这些军舰的改装过程，带有明显的试验性质。但多次改装试验所带来的经验和教训，必然会促使具有真正意义的航空母舰诞生。

2．第二代航空母舰

经过多年探索，特别是经过第一次世界大战中海战的检验，当时的海洋强国在航空母舰的设计、建造和使用等方面，都积累了很多经验，也吸取了很多深刻教训，对下一代航空母舰的本质有了一个更为清晰的认识。第二代航空母舰才开始是真正为适应搭载作战飞机的需要而专门设计建造的，因此，称为具有"纯正血统"的航空母舰。

1922 年 12 月，日本的第一艘航空母舰——"凤翔"号诞生了（见图 2-4 ），它被认为是世界上第一艘真正的航空母舰。"凤翔"首次采用了岛式上层建筑，一个小型的塔式舰桥被设置在飞行甲板的右舷，其上面带有三角桅杆。在岛式建筑的后面，有三个可同时向外侧排放的烟囱。但是，新事物的探索总是历经坎坷，1923 年，经过试航后，日本人认为该舰的飞行甲板比较狭窄，岛式上层建筑在舰载机起降时非常碍事，遂决定拆掉岛式上层建筑。这样，第一艘"纯正血统"的航空母舰"凤翔"号又退回到第一代航空母舰的平原式。

图 2-4　日本"凤翔"号航空母舰

英国不甘落后，推出了全新的"竞技神"号航空母舰（见图 2-5）。这艘航空母舰采用封闭式舰首，在巨大的全通式飞行甲板上，一个环绕着烟囱的大型舰岛被配置在舰体的右舷。由于"凤翔"号的半路夭折，"竞技神"号航空母舰实际上成了第一艘真正采用岛式上层建筑的航空母舰，此后，世界各国新建造的航空母舰，几乎都采用了类似的岛式结构，并且一直沿用至今。

图 2-5　英国"竞技神"号航空母舰

　　在新型航空母舰发展的热潮中，各国海军到第二次世界大战前夕已建有相当数量的航空母舰，比第一次世界大战结束时翻了将近一番。在建造这些航空母舰的过程中，人们已经认识到，由于全通式飞行甲板是沿船舶首尾正向直通的，舰载机无法同时起飞和降落，致使起飞回收轮转很慢，舰载机的出动架次率很低，飞机作用发挥不显著。为了解决这些问题，人们开始考虑将飞行甲板划分成起飞区和降落区，但如何在更短的距离上起飞成为难题和焦点。于是，当时由于飞机质量小、起飞距离短而未受重视的两项关键技术——弹射器和阻拦装置开始大显身手了，使得飞机的出动架次率得到显著提升。

　　航空母舰在战争中初建功勋是 1940 年 11 月 11 日，英国海军的"光辉"号（见图 2-6）航空母舰出动鱼雷轰炸机编队攻击了塔兰托港内的意大利海军并且击沉一艘，击伤三艘战列舰，此举使美国等海上强国意识到属于航空母舰时代真的来了。

　　经过第二次世界大战的洗礼，航空母舰备受各国青睐，航空母舰的主要形式、关键设备和飞机的起降方式及基本的作业规则开始成型了，也为未来航空母舰的发展奠定了坚实的基础。

图 2-6 "光辉"号航空母舰

3. 第三代航空母舰

第二次世界大战后，随着各类新型技术的不断出现，航空母舰的发展也进入一个新的阶段，虽然航空母舰的数量少了，但在技术性能和功能作用上迈上了一个新的台阶。喷气飞机、核动力和导弹等技术的发展，既显著提高了航空母舰的战斗力，又对航空母舰的生存能力提出了新的挑战。

1946 年 7 月，第一架"鬼怪"喷气战斗机在美国海军"罗斯福"号航空母舰上弹射试飞成功。这种在质量和航速方面都比螺旋桨飞机高好几倍的喷气飞机使航空母舰面临着严峻的考验，引发了多种航空母舰甲板和关键设备的新变化。

首先，由于喷气飞机的速度较快，万一飞机的尾钩没有钩住阻拦索，高速前冲的飞机将会撞坏前端待飞的其他飞机。于是，1951 年 8 月，英国海军航空局创造性地提出了斜角甲板的设想，即让中后部飞行甲板与舰体中心线成 10° 斜角突出于左舷。这样，飞机着舰时如果尾钩未能钩住阻拦索，飞行员可以从斜角甲板上重新拉起复飞，避免了与甲板前部的飞机相撞。在 1952 年 2 月试验取得圆满成功后，这一成果很快被推广到其他国家

的航空母舰上。这也导致了降落方式由飞行员收油门到开加力、大攻角的转变。

其次，它导致了新型弹射器的问世。由于飞机质量的增加，预警机等大飞机的上舰，给弹射飞机带来了更高的要求，于是从液压弹射器到蒸汽弹射器就成了必不可少的需求。弹射器的研制在当时有很高的技术门槛，"滑跃"起飞甲板的出现，使飞机在滑行通过这段上翘斜坡时能产生一个向上的动量，实现滑跃起飞。英国、意大利、西班牙和印度等国的航空母舰上都曾设有这种"滑跃起飞"斜坡，俄罗斯的航空母舰"库兹涅佐夫"号是成功应用这一成果的典范。我国的辽宁舰和山东舰也采用了这种方式。

最后，它促进了航空母舰助降手段的不断进步。在喷气飞机出现之前，飞行员们依靠引导官手中的信号旗来着舰。喷气飞机上舰后，其较高的接地速度使经验丰富的引导员也无法胜任工作，飞机降落事故频频发生。为此，人们苦苦寻找着新的助降办法，从反射式助降镜到"菲涅耳"透镜式光学助降镜，再到助降雷达，并在飞机上装备了相应的接收设备，组成了"全天候光学雷达助降系统"。自此，舰载飞机在任何时候、任何气候环境下都能连续不断地降落到航空母舰甲板上。

航空母舰是个高耗能的海上"巨无霸"，如何实现无限航程和隐身等目标，核动力无疑成为最佳选择。1961年，世界上第一艘核动力航空母舰——美国海军9万吨级的"企业"号正式服役，把航空母舰的发展推向了一个新高度，"企业"号也是向第三代航空母舰的标志舰"尼米兹"号航空母舰（见图2-7）过渡的关键一级，也是该级唯一的航空母舰。

在航空母舰的若干关键技术和装备逐渐成熟的过程中，虽然短暂的也有短距起降舰载机航空母舰的出现，但当时还是以美国"尼米兹"号和苏联"库兹涅佐夫"号（见图2-8）为代表的第三代航空母舰成为主流。

4. 第四代航空母舰

美国CVN78正式命名为"福特"级首舰"福特"号（见图2-9），虽然该航空母舰看起来与"尼米兹"级没有多大区别，二者的排水量相差仅不到一万吨，但是"福特"级的高强度出动架次率达到270架次，比"尼米兹"级的230架次高出40架次，之所以被定义为新的一级航空母舰，这是美国航空母舰向后信息化、体系化、智能化装备转型的标志，也是未来

海战转型的开端，基于该级航空母舰，可以像"变形金刚"一样应对未来多样化的海战。

图 2-7　"尼米兹"号航空母舰

图 2-8　"库兹涅佐夫"号航空母舰

图 2-9 "福特"号航空母舰

"福特"号是以搭载超隐身 F-35 舰载机和无人飞机，装备电磁弹射、涡轮电力阻拦、全自动着舰、一体化核反应堆、带状电力分配系统、有源相控阵和信息栅格技术为重要标志的新一代航空母舰，该型航空母舰不仅在装备性能上逐渐向智能化方向演进，更重要的是它可能也开启新型海上作战样式。"福特"级已经服役一艘，在建两艘，这级航空母舰将如何引领第四代航空母舰的发展我们拭目以待。

2.1.2　航空母舰舰载机运用模式和特点分析

现代航空母舰排水量大、舰载机多、现代化程度高，是海上力量的中坚，其作战能力和特点主要体现在以下几个方面。

1. 舰载机升空能力

虽然航空母舰最多可搭载 80 余架固定翼飞机，但由于飞行甲板的限制

以及起飞回收转换的要求等，使得并非所有的舰载机都能同时投入战斗。美国的"尼米兹"级航空母舰在舰桥前可停放 26 架飞机，舰桥左可停放 12 架飞机，斜角甲板左舷后突出部可停放 6～7 架飞机。放飞与回收时飞机停放区有所区别，但停放总数为 45 架。停机区可停放飞机的总数决定了一次回收飞机数量的上限，也决定了航空母舰一个出动波次最多出动飞机的数量。所以一般每个出动波次最多可出动 40～45 架飞机。F-14 战斗机主要用于空战，F/A-18 虽为多用途机种，但战斗型与攻击型转换时间长达 40 分钟到 1 小时，新的 E/F 型也要 30 分钟。所以，航空母舰的设计决定了飞机的升空数量极限。

2. 飞行作业方式

航空母舰飞行活动组织指挥的基本方式一般有两种：连续作业和集中作业。无论是哪种作业方式，并行作业和交叉作业都很多，对高效运用飞机和指挥保障装备都提出了很高的要求。

连续作业是指一个飞行周期未完，又插入另一个飞行周期，飞行周期首尾相交重叠，以此延续。其优点是航空母舰编队可长时间在空中保持一定的制空能力，从而能维持战斗行动的连续性；缺点是相邻两个飞行周期相互制约，均不能太长，一般为 70～90 分钟，最长为 105 分钟，不利于实施远程攻势行动；每个飞行周期只能容纳 12～16 架飞机，因此攻击力不足；甲板操作周期短，因此航空母舰必须频繁转向利于飞机起降的航向，严重影响编队在主航向上的平均航速及队形的保持，也使编队燃油消耗增大；甲板作业时间机动余量少，甲板长期占用，人员易疲劳。

集中作业是指两个相邻飞行周期之间，隔以相对集中和独立的甲板操作周期，相互没有交叉。其优点是每波出动的飞机可多达 40～45 架，力量集中，攻击力强，可饱和对空攻击或防御；相邻两个飞行周期互不影响，飞行周期可长达 200 分钟以上，可实施 1000 千米以上的远程攻击作战；甲板操作周期长，航空母舰转向战斗航向的次数少，持续时间短，航空母舰可保持较高主航向平均航速，编队队形保持好，节省燃油。缺点是除少数大航程预警反潜机外，编队在外防区的空中作战巡逻和中防区的对海作战巡逻有较长间断，作战行动不连续，使编队的对空对海防御体系出现空隙，虽然可以用甲板待战方式予以弥补，但反应时间较长，且与舰空导弹协同困难；飞行周期固定，不利于执行多种任务；每个攻击波次准备时间较长，有时长

达 4 小时。

3. 架次率

舰载机架次率是指合理配置并高效使用母舰各类资源（包括指挥员、飞行员和勤务人员），保障舰载机在一定条件下执行各种飞行任务的能力，航空母舰的核心任务就是保障架次率的高效、安全运转。

架次率是决定航空母舰作战能力的核心指标，根据作业方式不同，一般分为连续出动架次率和集中出动架次率以及高强度出动架次率，美国的"福特"级航空母舰连续出动架次率（12 小时）达 160 架次，高强度出动架次率（24 小时）高达 270 架次。这些高架次率指标的实现需要不同作业的有序衔接，需要上千人和设备的高效协同和分层指挥，并不是有一个指挥官能指挥全部，而是预先设定好的作业规则的共同遵守和每个智能体（包括人）的自组织协作，在若干智能体的有效协作下，才最终完成架次率的整体目标。这与人的训练程度、协同能力和应急处置能力，以及环境适应性能力都直接相关，这些相关性都会给复杂工程系统带来不确定，因此如何识别和管理这些不确定性，就是复杂工程系统最有意义的研究内容。

4. 起飞和回收能力

美军每艘航空母舰装有 4 部蒸汽弹射器，以"尼米兹"级的 MKC-13-1 型蒸汽弹射器为例，其动力冲程为 84.5 米，滑机长度近 100 米，能弹射近 40 吨重的飞机，弹射加速度 3～4g，飞机离舰速度达到 175 节，每弹射一次消耗淡水 1.5～2 吨。每个起飞位弹射一架飞机要 1 分钟至 1 分 15 秒，如放飞一个 20 架飞机的攻击编队，从技术角度计算需 25 分钟，而实战中整个攻击波次弹射起飞需 32 分钟以上。

飞机着舰包括雷达、灯光和阻拦索等一系列装备构成完整着舰引导系统，美国航空母舰的回收能力可以达到 30 秒一架飞机着舰。目前全自动着舰技术也已经工程应用，这使得以前要求飞行员着舰时必须动作规范、准确，飞机尾钩必须挂在中心线左右各 2～3 米的范围内，否则会造成飞机的偏心偏航的问题逐渐成为历史，对飞行员的培养和装备的维护保障都可以大大降低。

5. 飞行员轮飞能力

飞行员的能力保持和疲劳强度都是战斗力的关键因素，美国航空母舰舰

载机与飞行员是按 1∶1.5 的比例编配的。要求 100% 的飞行员具有夜间弹射起飞和夜航能力，其中 50%～60% 有夜间着舰能力，美军在必要时采取黎明天亮前弹射，天亮后进行着舰的方法来弥补飞行员不能夜间着舰的不足。每名飞行员的出动强度为 2 次/日。但为保持飞行员的着舰能力，即使没有作战任务，飞行员每 3 天也必须弹射、着舰一次，这是轮飞要求。舰载机飞行员对心理素质和身体素质的要求都较高，因弹射、着舰加速度的影响，培养时间长，服役时间一般都不长。

6．航空母舰航向影响

舰载机起飞质量一般为 20～35 吨，使用弹射器起飞离舰时速度达 155～157 节，加速度达 3～4g，已近人体承受极限。为减少对飞行员的身体损害，也为减轻弹射器的磨损，航空母舰通常采用逆风放飞的方式。风速加航速的合成风速可达 30～50 节，使飞机弹射末速度可降为 100～125 节。逆风放飞要求航空母舰在放飞和回收时均转向逆风航向。3 万吨级航空母舰转向 360°，大约需 14 分钟，6～10 万吨级，所需时间更长。一般主航向上飞机起飞和回收，航空母舰平均航速在 10～16 节，远低于 30 余节的最高航速。

7．防御反应时间

舰载机对空作战的主要样式有攻势防空和防御性防空。攻势防空时，E-2C 预警机对各类目标的探测距离及为巡逻区的 F-14 战斗机提供的预警时间分别为：高空轰炸机（0.85 马赫），740 千米、39 分钟；低空攻击机（1.2 马赫），460 千米、12 分钟；低空巡航导弹（0.85 马赫），270 千米、11.5 分钟。防御性防空时，甲板待战的反应时间=起飞时间+截击时间，大约为 8.5 分钟。而这段时间，敌攻击机将以 0.8 马赫，战斗机以 1.6 马赫向航空母舰接近 136～272 千米。存在着甲板待战状态截击反应时间不足的危险，这都要求系统战位和流程设计的优化。

8．勤务保障能力

飞机的起飞前后检查、转运、维修等时间都是影响战斗力和架次率的重要指标，包括各类资源的储量也是影响飞机架次率的制约因素。

航空母舰对各类物资需求量大，最基本的需求有油料、弹药、食品、淡水和技术支持等。航空母舰的油料需求主要分为航空燃油和舰用燃油两大类。美国的核动力航空母舰只携带航空燃油 9000 吨，常规动力航空母舰装

载航空燃油 7800 吨，舰用燃油 8000 吨。舰载机每架次消耗航空燃油 8～12 吨，以 1 架次/日出动强度计算，一个航空联队每天耗油 700～800 吨，航空燃油自持力为 10～12 天，以作战储量高于 50%计，该储量仅够维持 5～6 天低强度飞机出动。

航空母舰弹射器每天消耗淡水多达 200 吨，航空母舰总用水量=生活用水+弹射用水+冲洗甲板飞机用水+消防备用水，约为 900 吨/日。完全依靠航空母舰上的制淡水机，"美国"号航空母舰每天制淡水能力为 1060 吨，可以自给，但大量制造淡水意味着消耗燃油和燃油的补给要求增加。

弹药储量最多支持 800～1000 架次作战飞行任务，自持力 10～15 天，在高强度作战时自持力为 1 周左右。

2.2 航空指挥和保障系统内涵及特征

通过上一节对航空母舰作业能力和特点分析总结，可以知道航空母舰的飞机作业是一个"强实时高风险、强动态多约束、强弹性松耦合"的复杂大系统，如何解决对抗环境下的实时多变作业，是一个新的挑战，因为其实质就是在解决复杂工程系统的复杂性和不确定性问题。舰载航空指挥和保障系统就是用于指挥和保障多型舰载机群在航空母舰上的各类作业的工程系统，航空指挥和保障系统涉及数百个人员战位、多个作业阶段、三百余项作业活动，由上千套（台）系统/设备协同完成任务。航空指挥和保障系统是舰载机安全上舰和航空母舰形成作战能力的核心，是一个典型的复杂工程系统。

航空指挥和保障系统作为复杂系统，具有以下复杂性与不确定性特征。

① 强实时、准实时、非实时多型异构系统组成复杂。航空指挥和保障系统由上千台（套）系统/设备组成，这些系统和设备中有强实时系统，如负责引导舰载机着舰的系统；有准实时系统，如指挥管理系统；有非实时系统，如机务勤务与作业讲评系统等。异构系统的实时性要求、可靠性与安全性要求、技术体制与研发管理都存在差异，给复杂工程系统的工程总体的管理与协调带来非常大的复杂性。

② 需求、任务边界、保障对象和环境的不确定性和非线性。航空指挥和保障系统作业流程复杂，包含多个作业阶段，三百余项作业活动，涉及的设备和人员众多，设备故障、战损和人为操作意外都将造成原有作业计划的

调整，使得航空指挥和保障系统在需求、任务边界和保障对象上存在很大的不确定性和非线性，而海上多变的作业环境也会给任务带来很大的不确定性，需要对不确定进行管理和约束。

③ 人在回路增加了不确定性。人往往是最大的不确定性因素，据统计，在民航客机事故原因中，有 70% 的事故是由于人为错误操作造成的。航空指挥和保障系统的运转涉及数百个人员战位，在回路中人员操作的正确性直接影响了系统任务的正常推进，因此人在回路大大增加了系统的不确定性。

④ 人员、场景、环境和系统多智能体协同多，系统涌现性需要合理控制和引导。航空指挥和保障系统任务的成功完成是人员、场景、环境和所涉系统之间相互协同的结果，不同的因素都是具有一定适应性的单独主体，主体间通过能量流和信息流的传递来完成复杂的协同作业，并涌现出单个系统不能完成的高层次任务。多智能主体间的复杂协同一旦出现外部干扰，很容易造成复杂大系统涌现出非预期结果，必须加以有效管理和引导。

⑤ 空间和资源约束条件下的非同质作业时间与空间冲突复杂，环境适应性要求高。航空指挥和保障系统是一个多任务并行的系统，舰面保障、调运、起飞、着舰、维修不同作业同时执行，在航空母舰的保障资源与空间位置有限的条件下，带来的非同质作业之间在时间和空间上的冲突非常复杂，而且是时刻动态的变化，无法事先进行精确求解以预先安排。

正因为航空指挥和保障系统具有上述的复杂性和不确定性的本质特性，在开展航空指挥和保障系统工程研制过程中，采用传统的降维解析与原型逼近的系统工程方法无法应对如此庞杂的复杂性与不确定性，促使我们本着大胆假设、小心求证的态度，按照对复杂性进行隐秩序的显性表达，对不确定性进行有效控制管理，对涌现性进行有益引导的思路，展开了对复杂工程系统原理和设计方法新的探索。

2.3　航空指挥和保障在架次率生成中的作用

现代美军为研究航空母舰作战模式、探索新的舰载机运用方法，除总结几次局部战争的经验外，每年还开展各种类型的演习。1997 年"尼米兹"号与第 9 航空联队开展的高强度演习持续了 4 天，每天持续 24 小时，共出动 975 个固定翼舰载机架次，其中包括 771 个攻击架次，向想定目标投放了

1336 枚炸弹。根据此次演习收集到的数据，美军系统分析了影响舰载机出动架次率生成的各项因素，主要包括母舰设施、舰载机、人员、物资和作业流程，航空指挥和保障作为母舰为舰载机完成航空作业所提供的各种手段，在其中占据了显著位置。

（1）航空指挥和保障设施方面

演习中出现了一次 2 号弹射器进行零负荷测试（每隔 24～48 小时必须进行的测试）时，3 号弹射器由于偏流板冷却管故障无法使用，必须依靠 4 号弹射器单独放飞 8 架舰载机的情况（一般使用 2 号弹射器时，1 号弹射器所在飞行甲板区域用于停放舰载机，所以无法出动飞机）。虽然 2 号弹射器迅速完成了测试，没有影响飞行作业的完成，但事后分析认为，如果 2 部弹射器同时故障且其中 1 部位于舰中部，将会影响航空母舰飞行任务的执行。

（2）航空指挥和保障作业人员方面

演习开始前对航空联队和航空母舰的易疲劳人员进行了评估，其中航空联队、航空部门和飞机中继级维修部门等 2575 名航空指挥和保障作业人员全部被评为易疲劳，占全部易疲劳人数的 89%。因此演习时各易疲劳岗位共增员 194 人，其中航空指挥和保障作业人员增加 161 人。事后分析认为，增员对此次演习至关重要，人员配置对架次率生成的限制仅次于飞行甲板保障作业。

（3）在喷气燃料、航空弹药、航材备件等航空指挥和保障物资供给方面，演习中航空弹药的消耗率最大，如演习继续进行，则 22 小时后母舰上的航空炸弹将消耗殆尽；喷气燃料消耗了最大容量的 44%，而航空母舰为保持浮力控制，一般不在燃料低于 20% 时继续作业，否则必须向油舱注水；演习中航材备件的供应时间被人为设置为 12 小时，通过仿真模型分析，即使供应时间为数天也不会对飞行作业造成影响。

（4）航空指挥和保障作业流程方面

飞行甲板保障作业是限制架次率生成的首要因素，其中航空弹药转运尤为突出。"尼米兹"级武器升降机分为两种，下层武器升降机连接弹库和机库，上层武器升降机从机库通向飞行甲板。"尼米兹"级最初设计时重点考虑了核武器的携带，为增加遭受打击时核武器的生存概率，其武器升降机靠近中心线设置，这导致数量较少的上层武器升降机容易与飞机起降和调运作业干涉，因此演习中航空弹药几乎都是通过舰岛前方的 2 号飞机升降机从机

库运至飞行甲板。在演习中，弹药转运多次由于海情、母舰转弯或其他飞行甲板作业而中断。美军早先的经验表明，飞行甲板上舰载机数量过多会导致甲板拥挤从而抑制架次率生成，本次演习中发现，飞行甲板的最佳舰载机数量为 25 架，占尼米兹级飞行甲板舰载机停放理论最大数的 31%。此次演习还尝试了 1 小时、1.25 小时、1.5 小时和 1.75 小时等不同的甲板作业周期，并证明 1 小时甲板作业周期是非常难以实现的。图 2-10 所示为美国"福特"级航空母舰舰载机保障作业流程。

　　在一系列战争和演习中，美军分析得出了大量影响航空母舰舰载机架次率生成的因素，并有针对性地开展了优化改进，其中相当一部分集中在航空指挥和保障系统设计优化上。

　　（5）航空指挥和保障作业指挥管理与调度方面

　　航空母舰上涉及航空指挥的中心包括塔台、管制中心、驾驶室、甲板降落站、起飞位等多个部位，是典型的多中心复杂系统设置，这也给系统设计和运行带来诸多的挑战。第二次世界大战后美军一直使用绘有飞行甲板图的"显灵板"（Ouija board）（见图 2-11）来表示飞机停放位置和所开展的加油、供电等不同保障作业。虽然这一简单直观的方法可以很好地辅助指挥员完成飞行甲板的指挥调度，但为了保证"显灵板"正常工作，最多需要 35 名人员通过文字信息、语音、视频监视甚至目视来获取飞行甲板状况信息。

　　计算机技术广泛应用后，美军研发了航空数据管理与控制系统（ADMACS），该系统的第一版 Block 0 于 1998 年完成，第一次为航空管制提供了信息显示系统；第二版 Block 1 现已安装到 9 艘现役航空母舰上，完成了与其他舰载系统的数据共享；第 3 版 Block 2 整合了综合全舰信息系统（ISIS）、航空武器信息管理系统（AWIMS）、进场与着舰可视图像系统（VISUAL）、先进弹射与回收控制系统（ALRCS）和作业规划与信息系统（OPIS）等系统的功能；目前美海军正在开发第 4 版。该系统实现了航空指挥和保障作业的信息化管理，通过统一存储和分发确保了数据的唯一性，通过实现计划和调度的智能决策、自动数据采集以及关键系统的整合，降低了指挥人员 10% 以上的劳动强度，有效提高了航空指挥和保障作业计划制订和执行的效率，使航空母舰舰载机出动架次率提高 5%以上。

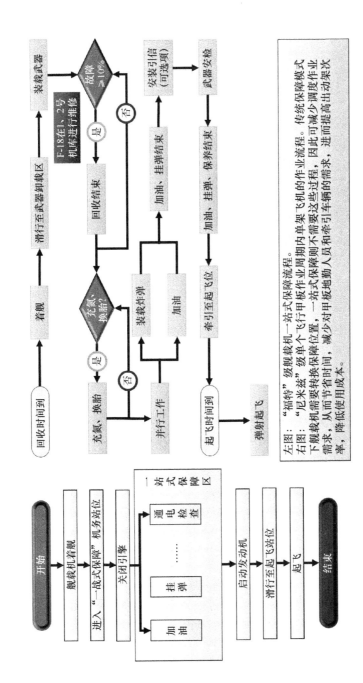

图 2-10　美国"福特"级航空母舰舰载机保障作业流程

左图："福特"级舰载机一站式保障流程。

右图："尼米兹"级舰载机作业周期内单架飞机的作业流程。传统保障模式下舰载机需要转换保障位置，一站式保障则不需要这些过程，因此可减少调度作业需求，从而节省时间，减少对甲板地勤人员和牵引车辆的需求，进而提高出动架次率，降低使用成本。

图 2-11　美国航空母舰舰载机指挥调度"显灵板"

（6）飞行甲板保障作业方面

"尼米兹"级一波次舰载机着舰后，需要先集中停放在首部的临时停放区，然后使用牵引车调运到靠近甲板边沿的停机位后，才能开展加油、挂弹和机务检查等作业。调运过程会耗费大量时间，且需要阻塞着舰跑道，如出现舰载机需要应急着舰的情况，将对整个波次的后续出动产生影响。为优化这一环节，"福特"级取消了一部飞机升降机，并将舰岛后移，空出了首部和中部连续的大面积甲板，设置了 18 个一站式保障机务战位，配置了相应数量的加油、供电等保障资源，从而类似一级方程式赛车维修站一样，使舰载机无须调运即可在原位完成全部保障工作。图 2-12 所示为航空母舰舰载机甲板保障作业。

（7）航空弹药保障方面

"福特"级增加了一部上层武器升降机，并将飞行甲板阱口移至更靠近舷侧的位置，同时在 02 甲板设置了航空弹药临时储存区，从而可不经机库进行弹药中转，减少了对飞机升降机的依赖，并避免了在"弹药农场"（"尼米兹"级舰岛右侧用于大量存放航空弹药的地方）中堆放大量弹药，提高了飞行甲板作业的安全性。图 2-13 所示为航空母舰舰载机挂弹作业。

图 2-12　航空母舰舰载机甲板保障作业

图 2-13　航空母舰舰载机挂弹作业

　　无论是现代普遍采用的连续出动，还是类似第二次世界大战航空母舰对决那样的集中打击，都是根据作战需求所可能采用的一种舰载机运用方式，本质上没有优劣之分。而舰载机出动架次率是指完成特定作战任务的出动架次数，由于不是单纯的飞行次数，因此必须结合任务来整体衡量航空母舰的作战能力，不能只看架次率数值的高低。同时航空指挥和保障也需要与合理的母舰资源配置、优化的舰载机设计和规范的作业流程标准等共同发挥作

用，才能更好地促进舰载机出动架次率的生成。

2.4　航空母舰航空指挥和保障系统典型复杂工程系统特性分析

航空母舰航空指挥和保障系统作为典型的复杂工程系统，它对应的普适性复杂特性如下。

① 航空指挥和保障系统的二级系统有十余个，三级系统有四十余个，涉及子系统的层级、数目和变量都很大——系统具有高维数、大规模特性。

② 航空指挥和保障系统接受航空兵作战、编队作战、本舰通信、导航等各类输入信息上百种，同时向全系统上百个战位输出各类信息——系统具有多输入、多输出的复杂性和不确定特性。

③ 航空指挥和保障系统的子系统间、设备间进行多种方式的并行、交互和转换，随着时间的推移，作业的熟练和冲突的优化，在整体上出现原先系统设计没有涉及或考虑到的新特质——系统具有涌现性特性。

④ 航空指挥和保障系统的作业通常是由大量的非线性装备组合和相互作用所产生的，如不是一味地把飞机放飞出去就是好事，必须要考虑回收的能力极限和甲板转换的时间，以及装备人员长时间工作后的效率下降，这使得系统输出不能通过系统输入的简单叠加来分析，复杂系统整体呈现出非线性的动态行为——系统具有非线性特性。

⑤ 由于航空指挥和保障系统具有人在回路的特点，致使系统在设计时性能或参数都由于人的因素而存在不确定性，而且系统内不同子系统或设备间的耦合作用多，工作时外部环境影响因素多，从而使大系统存在许多不确定性——系统具有不确定性特性。

⑥ 航空指挥和保障系统是多中心、人在回路、环境约束强的复杂系统，属于典型的"人-机-环"大协同，这就要求协同的边界要有足够的弹性和容错能力，以适应各类应激和突变，因此这类人在回路的系统要具备一定的自然生态修复和有机演化能力——系统具有有机性特性。

⑦ 航空指挥和保障系统由于多输出、多输入的特点，不同的控制目标、性能目标会相互影响，系统的输出追求的是整个系统的平衡性，很少能达到最优，这就是系统的次优性特性。

综上所述，航空指挥和保障系统具有典型的复杂工程系统的特性，而且

该系统在国内外有非常丰富的案例和数据，因此以该系统为研究对象，是研究复杂工程系统的最佳选择。

2.5　航空指挥和保障系统设计方法

传统的复杂工程系统设计主要采用还原论的思想，即基于整体等于各部分之和的方法，将复杂系统分解成多个简单系统。该种方法适用于复杂工程系统论证及设计阶段，在对目标图像缺乏足够认知的情况下，有助于原型系统或样机的研制。但该种降维解析的方法会带来复杂工程系统交互性与整体性的流失。如对类似航空指挥和保障系统的"人–机–环"复杂工程系统，采用传统的降维解析方法难以充分发现要素间的复杂耦合机理，加上多要素耦合对航空指挥和保障系统综合效能的量化影响，从而无法实现对复杂工程系统进行真实全面的描述和分析。

为更全面准确地反映复杂系统的本质和全貌，笔者从过去的复杂系统工程设计经验出发，用三种经实践证明过的设计方法，即面向能力、基于架构和模型优化（分别是第3～5章），从不同维度对航空指挥和保障系统设计进行比较，希望从中找到每种方法的特点和不足，同时本着在实践中创新和在实践中发展的态度，改革了从离散事件仿真到基于数据映射的流程仿真的LVC方法（第6章），解决了一些传统方法无法解决的问题，增强了我们探索新方法、新理论的信心。

这四种方法分别如下。

基于面向能力的复杂工程系统顶层设计与评估方法（Capability- oriented Systems Design），简称"C"。通过深入研究和分解航空母舰出动架次率的顶层指标，探索异质信息综合、不确定性因素量化、基于DOE设计的试验评价、多层次指标体系构建、系统参数灵敏度分析等技术和方法，实现不同设计参考任务模式下的航空指挥和保障系统顶层指标的量化评估和均衡设计。本方法重点解决复杂工程系统顶层指标问题。

基于架构的复杂工程系统多视图融合设计方法（Architecture-based Systems Design），简称"A"。由于航空指挥和保障系统的复杂性，只从某一角度来研究它的体系架构，难以反映该系统各个方面的特性及各个方面内在的有机联系。因此本方法以复杂工程系统的相关性和综合性特征为出发点，重点研究了多视图模型融合的航空指挥和保障复杂系统体系结构设计方法，

构建了一套以过程视图为核心的功能视图、信息视图、资源视图、组织视图、能力视图、系统视图和环境视图等相关联的八维视图模型及其融合机制。该方法重点解决复杂工程系统多视角下的架构平衡设计问题。

模型支持的复杂工程系统优化设计方法（Model-support Systems Optimization Design），简称"M"。解决复杂问题首先应将其分解为可独立解决的子问题，该过程必须对复杂问题进行抽象描述，模型是描述问题的有效方法。模型支持的复杂工程系统优化设计方法通过建立数学模型，将复杂问题层层剥茧，梳理内部复杂的关系网络，采用规划模型、网络模型、智能优化模型对复杂工程系统进行约束性描述和目标抽象，进而掌握问题的核心和本质，支持复杂工程系统仿真设计。该方法重点解决了复杂工程系统的优化问题，因此该方法也称作模型优化（Model-optimization）方法。

数据驱动的复杂工程系统流程设计方法（Data-driven System Process Design），简称"P"。复杂工程系统的设计问题往往难以对目标函数的约束条件进行准确解析表示，此时要用纯解析方法进行优化设计往往比较困难，在许多情况下甚至无法实现。传统基于离散事件的计算机仿真方法也难以解决这类问题，经过大量实验室仿真方法和结论的比较，构建 LVC 仿真平台，用流程链接离散事件，用数据映射流程，为我们提供了一条有效的解决途径。通过仿真运行寻优复杂系统性能与系统参数间的映射关系，包括信息流、物资流、能量流等，根据所获得的这些流程关系，以关注系统任务的完成度为目标，找出使综合效能稳定的系统适应能力和设计参数，从而实现复杂工程系统的优化设计。该方法重点解决了复杂工程系统运行过程中隐秩序的显性化和流程关联的涌现行为，而它们都是通过流程将复杂工程系统内部各成员部分连接起来而实现的，因此该方法又称作流程连接（Process-connect）方法。

结合航空指挥和保障系统工程设计实践，从解决系统复杂性角度出发，基于上述面向能力、基于架构、模型优化和流程连接的复杂工程系统设计的实践和创新。笔者用了近二十年的时间搭建并逐步完善了航空指挥和保障系统一体化综合设计平台，在复杂工程系统方案论证、设计、评估、集成与验证等设计过程进行了实践，在四种方法的循环、交联和迭代使用中进行着探索，通过对不同方法的实践与比较，发现现有设计理论方法基本都是通过传统还原论为主导思想的降维解析法来解决复杂性问题的，但都严重忽略复杂性的本质——复杂性和不确定性。在探索复杂工程系统复杂性和不确定性等

特性分析方法时，笔者发现不能固守原有的理论和方法，必须有所突破和创新。复杂系统的本质特性"不确定性"，是随时间变化而产生的动态不确定性；同时，复杂系统的复杂性是在环境和对象上动态有机适应的。为此，笔者慎重提出了解决复杂工程系统的问题本质就是要构建一套复杂系统适应性机制，制定一系列维持适应性稳定的规则。而该机制和规则制定的核心就是要引入有机和环境两个要素加入复杂性研究的方法中，并通过数据实现动态反馈，变传统的降维解析为新的映射升维（第 7 章），并大胆尝试，开展了生命力支持（Survivability-support）、数据驱动（Data-driven）和环境协同（Environment-coordinate）的复杂工程系统新的设计方法研究，开创性地提出了 DE-CAMPS 复杂工程系统设计方法（第 8 章），并对设计原理和方法向设计平台和科学理论转变进行了展望（第 9 章），为复杂工程系统研究的发展，为系统工程向体系工程的发展做出了有益的探索。

2.6　本章小结

　　"航空母舰工程"作为一类复杂工程系统，其设计实践需要有先进、科学的理论与技术作为支撑。本章在全面系统总结国内外航空母舰发展历程的基础上，指出航空母舰舰载机出动架次率是其重要标志性指标，提出了航空母舰航空指挥和保障系统作为"舰－机"协同的核心和纽带，是航空母舰架次率生成的重要保障。结合舰载航空指挥和保障系统工程实践，分析了航空指挥和保障系统内涵和特征、航空指挥和保障在架次率生成中的作用，并针对性分析了航母航空指挥和保障系统作为复杂工程系统的特点和设计要求，简要概述了工程实践中采用的四种复杂工程系统设计方法，并对为什么会提出新的理论和方法进行了铺垫，是读者更加详细、系统地阅读后续章节的一个概括性总论。

第 3 章

面向能力的复杂工程系统顶层 设计与评估方法

　　能力是完成一项目标或任务所体现出的综合素质，能力总是和人完成一定的实践相联系在一起的。我们常说一个人的能力强，这里的能力是指一个人在做事情时能够超预期地完成任务，一个人的能力是各项技能的综合评价指标，如在十项全能体育运动中，包括跳远、铅球、跳高、标枪等多个单项运动，这是对运动员各项运动技能的全面均衡检验，仅仅依靠单项运动能力最优则难以赢得最后的比赛。如果将能力映射到工程系统上，则可以定义为：能力是系统在典型业务场景下对业务目标达成程度的评价。工程系统的能力也是一个综合指标，需要系统各部分、各指标的综合运用。再形象一点，对航空指挥和保障系统来说，它的管制效率、转运时间、起飞或回收间隔等性能都是航空母舰航空指挥和保障的重要性能指标，但并不是某一项指标高就表明航空母舰的效能高，而是要综合评价这些性能，而舰载机出动架次率就是它的综合能力指标。

　　传统的复杂工程系统设计主要采用整体等于各部分之和的还原论方法，将复杂系统分解成多个简单系统，该种方法适用于复杂工程系统论证及设计阶段，对目标图像缺乏足够认知的情况下，有助于原型系统或样机的研制。但该种方法作为典型的降维解析法，即将整体分解成可以用最佳方案进行解决的局部时，会带来复杂工程系统交互性与整体性的缺失。如对类似航空指挥和保障系统的"人-机-环"复杂工程系统，采用传统的降维解析方法，把复杂工程系统分解成几十个二三级分系统独立进行研究，

难以充分发现要素间的复杂耦合机理，加上多要素耦合对航空指挥和保障系统综合效能的量化影响，从而无法实现对复杂工程系统进行真实全面的描述和分析。

本章节围绕复杂工程系统的系统性（整体性）、层次性与涌现性等特征，针对航空指挥和保障系统设计和评估需求，基于面向能力的顶层设计方法，对航空指挥和保障系统基于任务背景下的整体指标——出动架次率的综合效能进行分析评估，在传统指标降维分解的基础上，运用异质信息综合、不确定性因素量化、基于 DOE 设计的试验评价、多层次指标体系构建、系统参数灵敏度分析等理论、方法和技术，探索映射升维的系统顶层设计和指标分解方法。同时，复杂工程系统的综合效能指标也正是系统涌现性的体现。该方法称为面向能力的复杂工程系统顶层设计与评估方法（Capability-oriented Systems Design），简称"C"。

3.1 面向能力的系统设计方法概述

3.1.1 从面向威胁到面向能力

"需求牵引"一直是武器装备领域公认的核心思想，指引着武器装备发展的方向，也符合系统工程正向设计的思路。需求牵引的关键是确定需求的来源和需求的开发方式，近年来，美军在这方面有了非常重大的变化与改进，这些变化与改进又集中体现在不断更新版本的联合能力集成开发系统（Joint Capability Integration Develop System，JCIDS）[10]中。JCIDS 既推动了美国国防部采购战略的重大变革，也支撑了美军联合作战概念的成功实施，在美军装备的体系化设计方法中具有举足轻重的作用。

在 JCIDS 提出之前的 30 多年里，美军一直采用一种基于威胁的需求开发系统来指导其各军兵种武器系统的开发与采办。这是一种自下而上的思路，首先由各军兵种根据各自领域面临的敌对威胁，建立独立的战略愿景与需求，然后由各军兵种进行独立的试验评估、分析验证与方案选取，并独立开发各自的系统与平台，最后进行后期的集成应用。因为缺乏前期的协调与沟通，按这种思路开发出来的系统之间只能具有部分的互操作能力。同时，受发展程度限制，造成兵种能力的不均衡、长短不一、效费比低。

尽管这种面向威胁的以军兵种为主导的需求开发系统在美军武器装备

的采办历史上曾发挥了积极的作用,带领美军成功开发了一大批先进武器系统。但随着美军一系列联合作战概念的相继提出,以及体系与体系工程理论越来越受到美国国防部的重视,这种需求开发方法逐渐暴露出了严重的缺陷,造成了美军装备体系内部各类系统"烟囱林立",而无法顺利实现跨军兵种的联合集成。这些缺陷主要体现在以下几个方面:

一是与联合作战概念和体系化设计思路相违背。联合作战与体系化设计要求各武器系统在设计之初就需要考虑与其他武器平台之间协同的需求。在系统工程中有一条原则,就是系统的变更在越晚的阶段实施代价就会越大,而且是呈指数性增长。设想系统开发完成后才发现还需要对系统的需求做重大改变,那么有可能造成整个系统开发的失败。因此传统的各军兵种各自为战的需求开发思路显然不符合联合作战和体系化设计的需求,必须提前考虑联合作战前提下各系统之间的协同。

二是自下向上的开发方式与系统工程的正向设计相违背。面向威胁的需求分析方法属于典型的"头痛医头,脚痛医脚",缺乏系统性。而武器装备开发的最终目的是为实现国家顶层战略服务的,如果按照正向设计的思路,就应该从国家的顶层战略出发,并用联合作战概念作为指导,将国家战略逐层分解到对装备发展的新需求。

三是还存在着一些其他的不足,如各军兵种提出的装备发展需求间不可避免地存在着重复或空白的现象,缺少一种统一的架构来对不同军兵种的武器系统进行评估,还有装备发展的话语权分散在各军兵种而国防部高层无法直接参与和领导等。

为应对上述问题,2001 年美国国防部在《四年防务评论报告》中首次提出"基于能力的方法(Capabilities-Based Approach)"这一概念。报告强调主导美国防务规划的基础必须从过去"基于威胁"的模式转变为"基于能力"的模式。2003 年 6 月,美军发布了 CJCSI3170.01C《联合能力集成和开发系统(JCIDS)》及其实施细则,对原来的 CJCSI3170.01B《需求生成系统》做出了全面修改,图 3-1 所示为面向威胁的需求产生系统与 JCIDS 的对比图。JCIDS 中最重要的是提出了能力与联合能力的概念,并以联合能力作为武器装备需求开发的中心。

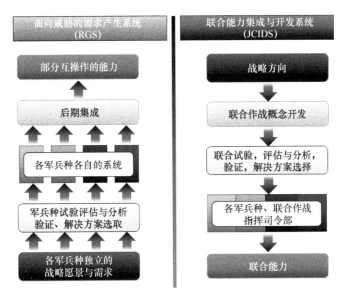

图 3-1　面向威胁的需求产生系统与 JCIDS 对比图

3.1.2　联合能力形成机制分析

能力是 JCIDS 中提出的一种全新视角，其影响意义深远。在理解 JCIDS 中的联合能力之前，首先需要对"Ability"与"Capability"这两个英文单词的含义进行辨析，虽然中文都翻译为"能力"，但内涵不一样。Ability 是指武器系统能够执行的任务，类似于技能；而 Capability 是指在特定标准和条件下武器系统通过组合的方式和途径执行一系列任务来达到需要的效果的能力，强调的是效能。Capability 类似于系统开发的用户需求，通过用户所要达成的目标效果去分析和获取，直接目标是实现联合作战概念，最终目标是支撑国家安全战略。而 Ability 就好比系统开发中的系统需求，偏向于技术层面，支持系统后续的设计和开发。于是在复杂工程系统中，从体系的能力需求向成员系统的技术需求的层次性分解便成为非常关键的环节，是解决复杂工程系统规模性、层次性特性的关键。

从字面理解，联合能力集成开发系统（JCIDS）围绕的核心是联合能力。那么联合能力是如何形成的，它与哪些因素相关呢？联合能力的形成是多维度、多层次因素共同作用的结果。首先是联合作战概念维，联合能力的要求来源于对联合作战概念和场景的分析；其次是各军兵种武器系统维，联合作战概念要求不同军兵种武器平台间协同操作，共同完成单个平台无法完成的

新任务；最后是联合功能概念维，在武器平台间协同操作时，指挥与控制、战场态势感知、火力打击、火力防护与后勤保障等功能需要相互协同。因此联合能力是在联合作战概念指导下，不同军兵种武器系统的功能之间联合操作而达成的综合效能，其形成机制如图 3-2 所示。当然，上述三个维度只是最主要的维度，联合能力的形成可能还与其他维度因素相关，例如，特定的战场环境、资源保障、战场指挥官的指挥艺术及战士的主观创造等。

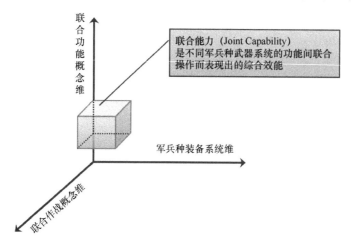

图 3-2 联合能力形成机制示意图

JCIDS 将原有的面向威胁的需求开发转变为面向能力，不仅仅是一种需求分析视角的转变，"面向能力"还可以带来以下两点主要优势。

一是契合了系统工程正向设计的思路。从国家安全战略到联合作战概念，到联合能力需求，再到各武器系统的开发需求，用于指导武器系统研制，这样的武器系统来自不同的军兵种，而且已经充分考虑了未来联合作战的协同操作需求与接口需求，既能保证后期快速完成集成验证与战斗力快速形成，也能最终确保装备的发展，支撑了国家安全战略。

二是能力分析是体系工程的重要工程环节。从体系的概念可以看出，联合能力便是概念中提到的单个成员系统无法完成的特定功能，因此联合能力是体系设计的初衷和顶层目标。体系工程的第一项重要过程就是如何将体系的联合能力（Joint Capability）分解为成员系统的开发需求（Ability）。而体系的联合能力也成为验证与确认活动中"确认"过程的目标对象。在 DoDAF 升级为 2.0 版本时，最大的改变便是新增了"能力视点"，这也是为了与 JCIDS 的要求一致。

3.1.3　基于能力的评估过程（CBA）

JCIDS 的最终目的是得到指导装备开发的需求建议，它的主要分析过程称作基于能力的评估过程（Capability-based Assessment，CBA），典型的 CBA 流程与输出结果如图 3-3 所示。联合能力分析的输入为国防部战略指南与联合作战概念，经过功能域分析（Functional Area Analysis，FAA），功能需求分析（Functional Needs Analysis，FNA）与功能解决方案分析（Functional Solutions Analysis，FSA），最终得到包含装备解决方案与非装备解决方案的更改建议文档（DCR）。其中一体化体系架构为联合能力分析时的中间产物，实现联合能力必须开展体系化设计，而体系化设计的基础是确定体系架构。

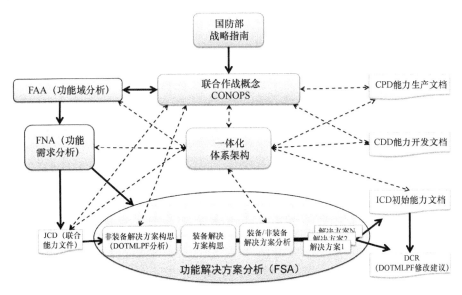

图 3-3　CBA 流程与输出结果[10]

在 CBA 流程中有三点内容对于我们开展联合能力分析非常有借鉴意义，分别是美军的战略指导文件链、非装备解决方案 DOTMLPF 与美军的能力包分解框架。

因此，结合航空指挥和保障系统装备设计研制需求，从复杂工程系统的系统性、不确定性和层次性等特点出发，基于面向能力的设计模式，研究基于多参数灵敏度分析的航空指挥和保障系统效能评估技术，重点解决航空指挥和保障系统效能评估过程中存在的无母型、无标准、信息不完备、主观性

强及多种信息形式并存的难题。

3.2 航空指挥和保障系统多层次评估指标体系构建

3.2.1 模型不确定性因素描述

复杂工程系统中存在的多种不确定性信息格式，需要建立统一的方式处理上述各型变量，进行异质信息综合。航空指挥和保障系统的人力、装备、物资等资源配置与舰载机出动回收能力等描述系统综合效能的指标有密切关系，且描述上述这些资源配置不确定性的信息不同，需要对不确定性变量选择合适的概率分布形式。在基于采样的计算建模和仿真中，通常考虑两类不确定性：参数不确定性和模型形式不确定性。参数不确定性也称为参数可变性，是指与输入数据（边界条件、初始条件）、定义、控制计算过程相关的参数有关的不确定性。模型形式不确定性是指结构不确定性、非参数不确定性、未建模动态，即名义数学模型是否可以充分反映系统的物理本质。参数不确定性通常用区间、模糊隶属度函数或概率密度函数描述。

针对航空指挥和保障系统特点及评估需求，首先基于上述不确定性因素描述方法对系统中存在的多种不确定性信息，包括数字、区间、概率分布等定量信息，以及基于语义变量和评级在内的定量判断等，建立统一的方式处理这些各型变量，进行异质信息综合。例如，在舰面保障能力评估方面，检查机械外观时间、电源保障数量等不确定性可以体现为数字区间形式，其故障则可以用概率分布形式描述，调运时间、加油时间等可采用模糊隶属度函数形式描述，故障发生过程和作业持续时间的不确定信息描述方法如图 3-4 所示。

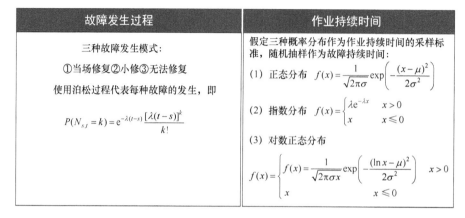

图 3-4 故障发生过程和作业持续时间的不确定信息描述方法

3.2.2 航空指挥和保障系统效能指标体系构建

1. 计算舰载机出动回收能力并选择评价指标

对复杂工程系统模型不确定要素进行合理描述后，模型的各个关键影响要素，包括保障工序进行时间、保障设备数目及覆盖半径、关键保障设备的故障概率和维修时间等因素均被完全量化。

接下来，需要确定不同的输入参数，并针对不同的输入参数水平，评价该水平下航空指挥和保障系统效能，据此选择综合效能评估的评价指标。首先，运用实验设计技术（Design of Experiment，DOE）中的正交实验设计方法，利用拉丁方正交表采样和均匀设计的试验设计方案，对不确定性量化后的要素建立样本集合，使得所获得的样本具有近似正交性和良好的空间填充性。将该优良样本作为出动回收能力分析所需资源配置模型的输入，进而建立舰载机多资源综合调度模型，利用启发式规则和智能算法相结合的方式对调度模型求解，并获得在该样本所代表的参数水平下的舰载机出动回收能力的指标数据。一方面，通过分析参数水平和回收能力指标之间的关联关系，定量地选择综合效能评估的评价对象或评价指标；另一方面，基于专家经验和知识对所获得的指标数据进行关联关系的分析，凝练评价舰载机出动回收能力的指标并进行评价指标的合成，为下一步建立面向舰载机出动回收能力的多层次指标体系奠定最底层指标基础。

2. 面向出动回收能力的多层次指标体系构建

基于上述出动回收能力关键影响要素指标分析和选择，进一步分析航空指挥和保障系统和各个子系统之间的关联关系，进而找出复杂工程系统关键参数和各个子系统指标间的逻辑关系，利用层次分析法并结合专家经验构建面向出动回收能力的航空指挥和保障系统多层次指标体系。应用层次分析法解决问题的思路如下。

① 分层系列化待解决的问题，即根据问题的性质和要达到的目标，将问题分解为不同的组成因素，按照因素之间相互影响和隶属关系将其分层聚类组合，形成一个阶梯的、有序的层次结构模型。

② 对模型中每一层次要素的相对重要性，依据人们对客观现实的判断给予定量表示，再利用数学方法确定每一层次全部要素相对重要性次序的权值。

③ 通过综合计算各层要素相对重要性的权值，得到最低层（方案层）相对于最高层（总目标）的相对重要性次序的组合权值，以此作为评价和选择方案的依据。

利用上述层次分析法，以库兹涅佐夫航空母舰舰载机持续出动回收能力为例，构建的持续出动架次一级指标分解和舰载机搭载能力二级指标分解如图 3-5 和图 3-6 所示。

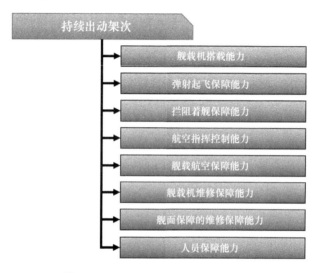

图 3-5　持续出动架次一级指标分解

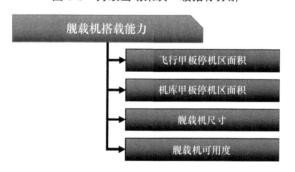

图 3-6　舰载机搭载能力二级指标分解

3.3　面向能力的航空指挥和保障系统参数灵敏度分析

航空指挥和保障系统作为一类典型的"人–机–环"协同的复杂工程系统，传统的自上而下的能力指标分解方法已无法满足系统的平衡性设计需求，需要定量分析出系统关键指标要素及其耦合对系统总体效能的影响程

度，进而为开展系统正向设计提供量化指标支持。单灵敏度分析方法和多灵敏度分析方法，是解决复杂工程系统关键影响要素指标的量化评估和科学定位的一个有效手段。

3.3.1 基于 DOE 试验设计和统计分析的单因素灵敏度分析

单因素灵敏度分析[11,12]方法的整体思路如下：

① 根据多层次指标体系选择待评估参数以及参数影响的子系统目标或系统目标。

② 由"模型不确定性因素描述"并结合专家经验确定待评估参数的变化范围。由于复杂工程系统的计算成本很高，引入 DOE 试验设计方法降低了试验规模和试验成本。

③ 依照需求选择不同的统计分析方式对参数采样和结果进行统计分析，进而判断参数变化对系统目标的影响是否显著。常用的统计分析方法有回归分析法和方差分析法。

单因素灵敏度分析方法如图 3-7 所示。

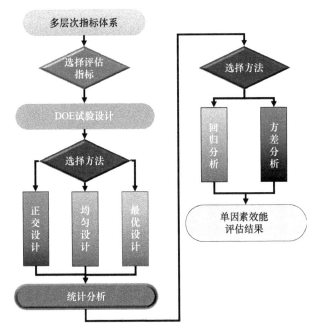

图 3-7　单因素灵敏度分析方法

3.3.2　基于非参数方法和方差分解的多因素灵敏度分析

基于非参数方法和方差分解的多因素灵敏度分析，主要用于评估分析多连续变化参数的共同变化对系统或子系统目标的耦合影响。根据多层次指标体系选择待评估参数及参数影响的子系统目标或系统目标，利用改进的基于方差分解的灵敏度分析方法对参数采样和结果进行统计分析，进而判断多因素变化对于系统目标的相对影响和耦合影响是否显著。

基于方差的方法（Variance-based Measures）可定量得出各输入变量对输出变量方差的贡献量[13~15]。根据全方差定律，可知：

$$V(Y) = V(E[Y \mid X_i]) + E[V(Y \mid X_i)]$$

式中，$Y = f(X)$，$X = (X_1, X_2, \cdots, X_k)$ 为 k 个独立的输入变量；X_i 对输出 Y 的方差的重要性定义为 X_i 对 Y 的灵敏度，即：

$$s_i = \frac{V(E[Y \mid X_i])}{V(Y)}$$

式中，s_i 也称为一阶灵敏度指数（First Order Sensitivity Index）。

上式定义的一阶灵敏度指数（单因素灵敏度）只给出了单一变量对输出方差的影响，而没有考虑不确定性变量之间的耦合对于输出方差的影响。二阶灵敏度指数（多因素灵敏度）则用于描述两个不确定性变量的耦合对输出结果的影响，定义为：

$$s_{ij} = \frac{V_{ij}}{V} = \frac{V(E[Y \mid X_i, X_j]) - V(E(Y \mid X_i)) - V(E(Y \mid X_j))}{V(Y)}$$

尽管基于方差的灵敏度分析的结果精确可信，且能够得到不确定性变量之间耦合对输出结果的影响（高阶灵敏度指数），但随着灵敏度阶数的提高及待评估参数增多，所需要的计算量呈爆炸式增涨，对于航空指挥和保障这类复杂工程系统，即使二阶灵敏度指数也超过了普通高性能计算机的承受范围。针对上述问题，笔者改进了传统的基于方差的灵敏度分析，使得一阶灵敏度指数和二阶灵敏度指数的计算量基本相同，成功解决了传统评估方式计算量巨大的问题，使得评估复杂问题的参数耦合对输出结果的影响成为可能。

3.4 航空指挥和保障系统综合效能评估

3.4.1 航空指挥和保障多设计方案对比

航空母舰的甲板空间有限，进场和离场飞机会交叉使用空域和甲板资源，所有相关资源、设备和人员班组难以像地面机场一样进行充足配置；并且各类保障设备、保障资源的寿命有限，需要尽可能地合理分配各类资源的使用次数进而达到延长设备使用寿命的目的。因此在给定出动任务的前提下，什么样的资源配置方案能获得更优异的表现是一个值得深入研究的问题。方案对比方法是从不同角度对比不同的资源配置方案通过优化算法得到的结果，包括不同方案的总出动架次率的大小、不同类型保障设备的使用频率等指标。综合上述方案对比的结果，最终给出不同方案的综合对比结果。具体流程如下：

① 在具体的设计参考任务模式下，生成需要进行预设方案对比的资源配置方案一和方案二；

② 根据两方案的优化算法得到的结果，进行方案指标对比，综合两个方案对比指标给出不同方案的综合评价结果。

方案对比流程如图 3-8 所示。

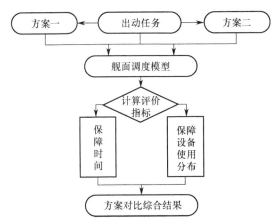

图 3-8　方案对比流程

舰面保障方案主要涉及油、气、水、电等设施，一个优良的舰面保障方案可以实现舰载机各个工序所需要保障战位和保障资源的合理分配，避免舰载机因保障战位和资源冲突导致的不必要的等待，提高舰载机的保障效率。

这里分析包括加油、充氮、充氧、电源保障、液压保障等在内的舰面保障方案对舰载机出动回收保障能力的影响，为消除人员数量和熟练程度对其的影响，假定所有保障作业中人员均是充足的。

接下来以美国航空母舰甲板保障资源任务为例，先假定两个不同保障资源方案，方案一和方案二的保障设备、保障部位具体参数见表 3-1。

表 3-1　方案一和方案二的保障设备、保障部位具体参数

方案一		方案二	
保障阵位数量	CC1	保障阵位数量	CC2
喷气燃料	PQ1	喷气燃料	PQ2
氧气保障设备	YQ1	氧气保障设备	YQ2
氮气保障设备	DQ1	氮气保障设备	DQ2
液压保障设备	YY1	液压保障设备	YY2
航空电源	DY1	航空电源	DY2
座舱空调气体	KT1	座舱空调气体	KT2

方案一和方案二每波次舰面保障时间和舰面保障平均时间对比如图 3-9 和图 3-10 所示。可以看到，除了第一、二波次，方案一和方案二的舰面保障时间几乎相同；然而对于第一、二波次，方案二的舰面保障时间远长于方案一的保障时间。在平均舰面保障时间方面，方案一的平均舰面保障时间优于方案二。

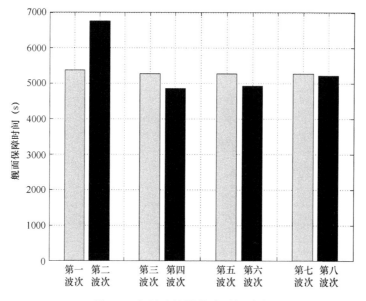

图 3-9　每波次舰面保障时间对比

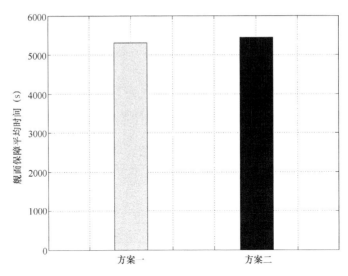

图 3-10　舰面保障平均时间对比

通过上述多方案比较，能够分析不同资源配置方案下多波次舰载机舰面保障时间的差异，进而为顶层设计人员开展方案设计、提出合理战技指标提供数据支撑。

3.4.2　基于灵敏度分析的系统效能评估

接下来分析舰面保障关键作业时间变化对系统效能的影响程度。

1. 评估指标选择

首先依据能力评估指标体系选择待评估的指标，舰面保障作业活动项见表 3-2。

表 3-2　舰面保障作业活动项

序　号	保障作业名称	是否需要保障资源
1	调运	否
2	系留	否
3	电源保障	是
4	座舱空调通风	是
5	设备舱空调通风	是
6	机翼展开	否
7	惯导对准	否
8	特设外观通电检查	否
9	液压保障	是

序　号	保障作业名称	是否需要保障资源
10	加油	是
11	机翼折叠	否

待评估指标参数的基准值以设计输入数据为准，扰动区间为参数基准值的±20%，主要源于人员操作失误或技术革新改良。

2. 基于单因素灵敏度分析的系统效能评估结果

图 3-11 给出了加油、充氮、充氧等关键参数对舰载机持续出动回收作业总时间的影响。与其他参数对总时间的影响相比，舰载机挂弹时间与加油时间的灵敏度指数最大，即对于舰载机出动回收作业总时间的影响程度最高。

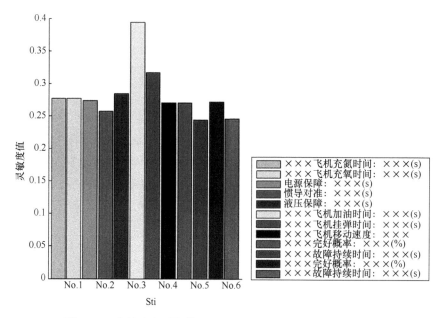

图 3-11　关键参数对舰载机持续出动回收作业总时间的影响

该结论是符合常理的，因为上述两个参数是舰面保障工作流程中耗时最长的两个工序，由于舰面的保障部位和保障资源有限，对于耗时较长的保障工序，舰载机往往需要排队等候。因此，舰载机挂弹时间与舰载机加油时间一定程度的降低或延长往往会导致舰载机舰面保障阶段排队等候时间发生变化，对最终的输出结果产生较大的影响，舰载机加油时间对总时间的影响如

图 3-12 所示。这也是复杂工程系统的层次性特性需要特别关注的，顶层指标向下一级指标分解过程中要找准敏感因子，并评估影响的结果可否接受。

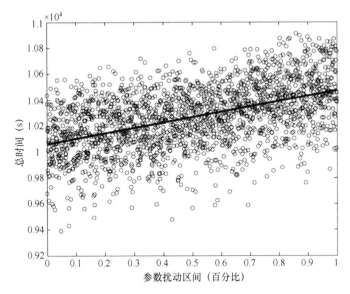

图 3-12　舰载机加油时间参数扰动对总时间的影响

针对这一结果，舰面保障人员应做出相应的安排与调整，尽量安排疲劳程度最低或工作能力最强的小组负责舰载机挂弹和加油两项工作，确保因人员失误导致的舰载机挂弹和加油时间延长的可能性降到最低；同时，在进行系统设计研究时，应更多地倾向于设置更多的保障战位，并研发缩短舰载机挂弹时间和加油时间的新技术。

3．基于多因素灵敏度分析的系统效能评估

上面进行了舰载机加油时间、舰载机挂弹时间等关键参数对总时间的单因素灵敏度分析，本节采用二阶灵敏度指数，分析参数 x_i 和参数 x_j 耦合对于输出结果 Y 影响的程度。二阶灵敏度指数的热点图（Heat Map），如图 3-13 所示，横轴、纵轴分别代表变量，构成热力图矩阵，每个方块代表两两参数的耦合对于舰载机出动回收作业总时间影响的程度。

如图 3-13 所示，七个主要参数的两两耦合对于输出结果 Y 的二阶灵敏度指数均较小，灵敏度最大值不超过 0.049，即耦合影响并不显著，原因主要是在舰面保障阶段，舰载机加油子工序和挂弹子工序保障时间的变化分别对总结果的影响特别显著，但由于上述两项工作的保障时间较长，如果舰载

机因为加油时间的延长而在该工序出现排队现象，则这时舰载机进行各项保障的速率会因为该排队等待现象放缓，各架舰载机可以进行挂弹工序的初始时间会因此产生一定的间隔，即舰载机挂弹工序出现排队等候保障部位的概率大大降低。综上所述，舰载机加油和挂弹时间的延长对舰面保障总时间的影响基本等于两个子工序时间分别产生的影响的总和，挂弹和加油时间延长或缩短所产生的额外影响（耦合影响）并不显著。

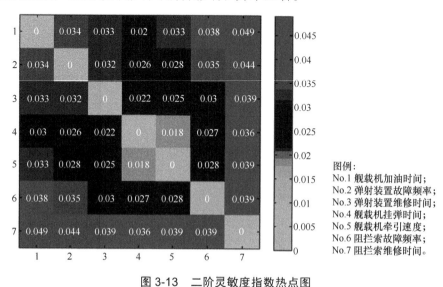

图例：
No.1 舰载机加油时间；
No.2 弹射装置故障频率；
No.3 弹射装置维修时间；
No.4 舰载机挂弹时间；
No.5 舰载机牵引速度；
No.6 阻拦索故障频率；
No.7 阻拦索维修时间。

图 3-13　二阶灵敏度指数热点图

理论分析和实验验证表明：涵盖 DOE 试验设计、单因素灵敏度分析、多因素灵敏度分析及非参估计的统计学习方法是解决复杂工程系统的面向能力评估的有效方法。该方法避免了传统效能评估方法依赖于专家经验的局限，实现了基于系统真实仿真的定量评估，能够科学准确地对影响系统效能的人员、装备、资源、规程和环境等因素指标进行量化的评价定位，进而为系统顶层资源配置设计提供参数优化依据。

3.5　面向效能的典型任务系统资源优化设计示例

根据上述基于参数灵敏度的效能评估结果，接下来将开展复杂系统顶层资源要素的参数化设计。航空指挥和保障是一类大规模复杂多约束条件下的资源优化配置问题，基于复杂工程系统效能设计和评估的建模理论与方法，以出动架次率涉及的资源保障效率为目标，利用数据驱动的机理建模方法，

基于强化自学习的在线或离线模型调整法等,建立航空指挥和保障系统的人力、装备、物资等资源配置模型,然后根据多视图分析挖掘出的系统各要素及其相互关联的复杂关系,通过不同资源配置模型间的有效集成建立标准功能模型,并结合数据验证对标准功能模型参数进行设定和调整。针对该模型,结合多机飞行指挥和保障业务规则和业务流程约束条件,基于混合整数非线性规划理论与方法,建立典型任务模式下的多目标多资源约束优化模型。

如起飞调度模型最主要的优化目标就是在最短时间内完成飞行计划中所有飞机的起飞,即最小化最大完工时间。该目标可表述为规定时间内飞机的最大起飞强度。此外,若飞行计划要求飞机必须在某一时刻之前完成起飞,则可考虑以最小化最大延迟时间作为优化目标。

如弹药调度模型,可以抽象描述为一个多工艺阶段、各阶段存在并行行为的柔性流水线调度问题。需要考虑不同的移动时间、机器准备时间、路径等约束。就优化目标而言,需要在最短时间内完成飞行计划中飞机弹药的准备和转运工作,即最小化最大完工时间。

对多资源耦合约束下的保障资源综合调度模型进行了高效求解。在优化算法设计方面,针对复杂多资源配置问题的具体特点,基于模型分解法将该超大规模的混合整数非线性规划问题分解成若干小规模的子问题,而后综合运用启发式规则及基于人工智能的进化算法等,通过设计平衡全局搜索能力和局部搜索能力的有效策略,对子问题的解搜索空间进行快速搜索,最终给出面向出动回收能力的涵盖飞机、保障设备、保障战位及资源的飞机调度时序甘特图(见图 3-14),从而大大提升了资源调度方案的设计效率和设计水平。

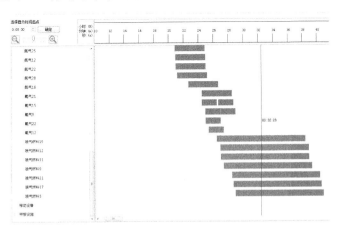

图 3-14　飞机调度时序甘特图

这就可以针对复杂系统的特性，提升复杂工程系统设计的准确性，降低大工程投入后难以调整的风险，实现整体顶层指标的逐级分解和自上而下的正向设计。

3.6　本章小结

本章围绕航空指挥和保障系统系统性和层次性的特征，探索了面向能力的复杂工程系统顶层设计方法，建立了基于统计分析、运筹优化的多学科融合的综合效能分析框架，创新性地将不确定性量化技术、DOE 试验设计、基于资源配置模型的仿真、不确定性分析，以及全局灵敏度分析等综合来研究面向出动回收能力的效能评估难题，初步解决了复杂工程系统指标体系构建及定性与定量分析的问题，对系统设计从顶层指标的降维分解到多指标要素耦合的效能升维进行了有益探索和实践。

针对复杂工程系统的涌现性，提出了基于非参数方法和方差分解的多因素灵敏度分析方法，首次将非参数方法与灵敏度分析方法相结合，在显著提高计算效率的同时，评估出连续变量单因素相对影响和多因素间的耦合影响，是一种综合了非参数方法、灵敏度分析方法、高效采样方法、高效估计方法的集成创新方法，为解决复杂工程系统涌现性也做了尝试。

针对复杂工程系统规模大、层次多的特点，提出了基于 DOE 试验设计和统计分析的单因素灵敏度分析方法，将试验设计、统计分析引入效能评估分析中，主要用于评估分析在顶层指标分解的过程中，单个参数对于系统特性的绝对影响，弥补了灵敏度分析法评估参数的局限性，使得效能评估的范围涵盖了航空指挥和保障系统的所有输入参数，实现了复杂工程系统效能影响因素的科学定位，并以面向效能的资源保障为例进行了设计实践，为航空指挥和保障系统设计的系统性提供了量化数据支撑。

这些方法的运用与创新虽是系统工程正向设计的很好实践，但由于航空指挥和保障系统耦合因素多、交互性强，本章只选取了保障的部分作业进行探索，在解决复杂工程系统的系统性、层次性与涌现性特性方面有所收获，但在解决复杂工程系统的非线性与不确定性特性方面还仅仅是个开始，还有待其他复杂系统设计方法的融合探索及新方法的大胆创新。

第 4 章

基于架构的复杂工程系统多视图模型融合设计方法

架构是指复杂系统内部一组部件及部件之间的联系。系统不是其组成部分的简单罗列或线性叠加，是因为有了架构，系统才有了灵魂，而且系统的架构也是服务于系统的功能的。如一幢房子，并不是将砖和水泥随随便便地简单堆积起来，就能算作房子，而是有地基、有屋架、有房梁，并且按照一定的工序与工艺搭建起来，除了美观，更关键的是为人类提供了遮风挡雨的功用。正如老子所说："有之以为利，无之以为用"。通过系统有形之架构，营造出了系统无形之功用，这才是架构设计的精髓所在，也是分系统相互作用和协同而涌现出的新效用。

航空指挥和保障系统由多个子系统组成，系统功能由分布在多个位置的几百名作业人员，按照一定的作业流程，在特定的自然气象条件和母舰作业环境中操控上千台（套）设备协同工作。由于航空指挥和保障系统的复杂性，基于降维分解的建模思路，只从单一角度来研究它的体系结构，难以反映该系统各个方面的特性以及各个方面内在的有机联系和涌现效应。

因此，本章从解决复杂工程系统的系统性和层次性特征出发，以探索解决复杂工程系统涌现性为重点，研究了多视图模型融合的航空指挥和保障复杂系统体系结构设计方法，采用升维的方法，构建了一套以过程视图为核心的功能视图、信息视图、资源视图、组织视图、能力视图、系统视图和环境视图相关联的八维视图模型及其融合机制，解决了长期制约复杂工程系统的体系架构设计难题，初步形成一套面向复杂工程系统的多视图体系结构设计

理论和方法，实现了对复杂工程系统全面、统一的升维描述。同时，复杂工程系统架构的多视图的融合过程也是解析系统规模性与探索系统涌现性成因的重要手段。该方法称为基于架构的复杂工程系统顶层设计方法（Architecture- based Systems Design），简称"A"。

4.1　架构综合设计方法概述

4.1.1　架构与系统的关系辨析

任何事物都是"形式"与"内容"的辩证统一体，"内容"决定"形式"，而"形式"又反作用于"内容"，这里的"形式"换一个更工程化的称呼，便是"架构"。我们写文章关键是设计好提纲；我们编程序关键是设计好框架；同样，我们开展系统或体系设计，关键也是设计好架构。INCOSE 系统工程手册中将架构定义为系统的基本属性，体现在系统的组成元素、元素之间的关系，以及系统设计与演化的原则上。可以总结为，系统的架构便是系统的外在形式。

关于事物的形式与内容的关系一直是哲学界争论的焦点。柏拉图的"理念论"认为世界的本源是理念，人类感知到的世界只是"理念"的摹本，这是一种唯心主义的观点。亚里士多德提出了事物是包含质料与形式的二元论观点，质料是事物组成的材料，形式是每一个事物的个别特征，但对于二者的辩证关系并未明晰。直到近代黑格尔才指出了内容和形式的辩证关系，认为彼此之间是相互作用、相互转化的。辩证唯物主义在总结概括哲学史上积极思想成果的基础上，指明了内容和形式相互作用、相互制约的辩证原理，指出内容是主要的、决定的方面，内容决定形式；而形式又依赖于内容，并随着内容的发展而发展、变化而变化。以造桥为例，内容是要解决河两岸的交通问题，河两岸的自然条件、河的宽度及能承受的资金对建桥的方案起决定作用，不同的设计者根据相同的输入，会设计出不同的方案，而如果选定了某一种方案，又会反过来在承重和有效年限上影响桥的功能，这便是内容决定形式，而形式又反作用于内容。

我们同样可以用形式与内容的二分法来分析系统，如图 4-1 所示。如果说系统的"形式"便是其架构，系统的"内容"就是它的功能，功能决定了架构，而架构涌现出功能。系统的功能又分为两个层次，首先是用户需求，系统设计是为了满足用户的具体业务需求，然后是设计需求，作为系统各组

成部件的设计输入，约束各部件的功能与性能。系统的架构则包含系统的组成和各组成之间的关系。组成是系统的物理形式，关系是系统各部件之间的信息交互与协同。因此说系统是"形式"与"内容"的辩证统一。复杂工程系统要实现这个统一，难度呈指数上升，需要控制和引导的有机适应性和涌现性成为重点。

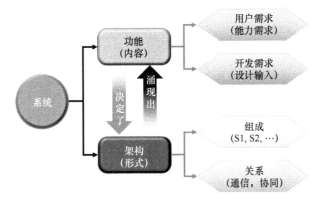

图 4-1　形式与内容的二分法

关于架构与功能之间的关系，《道德经》中有一段描述很有启发意义。《道德经》第十一篇中说："三十辐共一毂，当其无，有车之用。埏埴以为器，当其无，有器之用。凿户牖以为室，当其无，有室之用。故有之以为利，无之以为用。"意思是说车轮子三十根辐条连接到车轴上，因为有中空的地方，所以有车的功用；用陶土做器皿，因为有中空的地方，所以有器皿的功用；凿窗户建房子，因为有四壁空间的地方，所以有房屋的功用。虽然道德经中强调的是"有"与"无"的辩证关系，"有"给人便利，而"无"给人以功用，但对照系统的功能与架构，架构是系统中有形的实体，而功能是架构所涌现出的功能效用。

从以上这些事实可以看出，作为物质实体的"有"，要想发挥其价值和功能，必须要依托于"无"。换言之，是"无"成就了"有"的实际功用。在系统设计过程中，有形的架构是系统设计的对象，但人们真正想要的是有形架构所涌现出的能力空间。优秀的设计往往是通过简单的架构来实现丰富的效用的。在软件设计中更能体现这种"有"与"无"的辩证关系。软件可能仅仅是几行代码搭建的逻辑架构，却能带来无限的输入与输出的映射关系。霍兰在"隐秩序"中所描述的标识、内部模型和积木三种机制构建的系统架构，就是为了把复杂系统潜在的内部秩序显性表达出来，通过有形的架

构来实现无形的功用，通过显性的机制来涌现隐性的秩序，这才是真正的架构设计哲学。

4.1.2　体系架构相关建模方法

复杂工程系统的系统架构已经成为验证和评估新的作战概念、进行军事能力分析、制定投资策略、实现系统互操作性分析、制定作战规划的重要依据。架构框架是用于规范系统架构的设计过程、设计内容和设计形式的原则和指南，通常是一系列规范化文件[16]。目前，用于复杂工程系统的系统架构描述的常用建模方法如下。

（1）DoDAF

DoDAF[17]（Department of Defense Architecture Framework）是伴随着美军联合作战的需求而出现和发展的。美军根据从海湾战争中得到的经验教训逐渐认识到，军事力量在架构、流程和作战层面的联合是提升整体作战能力的关键，联合作战思想已成为美国国防部装备发展的指导思想。1995 年，美国国防部专门成立了"C⁴ISR 一体化任务小组"，鉴于 C^4ISR 架构框架在实践运用中发挥的巨大效益，2003 年 1 月颁布了国防部架构框架 DoDAF1.0 版草案，美国国防部于 2009 年 5 月开发了 DoDAF2.0。英国与北约参照美国的 DoDAF，也分别发布了自己的统一架构框架规范，称作 MoDAF 与 NAF，而最新状态是 MoDAF、NAF 与 DoDAF 合并推出了统一架构框架 UAF(Unify Architecture Framework，UAF)，从而在北约与欧美联盟内部形成了统一的系统架构描述规范。

（2）IDEF

IDEF[18,19]（ICAM Definition）是 20 世纪 70 年代美国空军在结构化分析方法基础上制定的一体化计算机辅助制造（ICAM）计划，目的是更好地解决人们分析与交流技术的需要。IDEF 方法提供了一种可视化建模的工具，即将模型中的信息用标准图形元素直观地表达。可视化建模的思想主要目的就是让用户、分析人员、测试人员、管理人员及其他涉及项目人员之间进行有效的沟通。

（3）SysML

SysML 是国际系统工程学会 INCOSE(International Council on Systems Engineering)和对象管理组织 OMG 在对 UML2.0 的子集进行重用和扩展的基础上提出一种新的系统建模语言，是系统工程的标准建模语言[20]。

SysML 是一种多用途的标准建模语言,能够支持各种复杂系统的详细说明、分析、设计、验证和确认。SysML 的定义包括 SysML 语义和 SysML 表示法两个部分。

（4）Petri Net

Petri Net[21]是一种动态分析建模方法。Petri 网是 20 世纪 60 年代由德国学者 C.A.Petri 提出的,是一种图形化和数学化的建模工具,经过 40 多年的发展,已被广泛应用于各个领域进行系统的建模、分析和控制。Petri 网是一种适用于多种系统的图形化、数学化建模工具,为描述和研究具有并行、异步、分布式和随机性等特征的复杂系统提供了强有力的手段。作为一种图形化工具,可以把 Petri 网看作与数据流图和网络相似的通信辅助方法;作为一种数学化工具,它可以用来建立状态方程、代数方程和其他描述系统行为的数学模型。

分析比较上述建模方法,IDEF 相对来说是一个更加完备、开放的系统建模方法,具备较强的扩展性,更适合用于航空指挥和保障复杂工程系统的建模,它可以从功能、过程、对象、数据等多方面对航空指挥和保障系统进行全面的描述。航空指挥和保障系统多视图建模采用多个视图来描述航空指挥和保障系统的不同侧面,是航空指挥和保障系统建模的典型策略之一。国外一些著名的复杂系统建模方法采用了这种策略。用多个视图来描述一个复杂系统模型带来的问题,就是如何保证这些视图之间数据的一致性。因为不同的视图彼此之间不是孤立的,而是有着密切的联系,它们所描述的是同一事物的不同侧面,这样,就要求不同视图的模型之间在逻辑上必须保持一致,当一个视图中的模型发生变化时,它的某些要素或属性在其他视图中映射的对象也应该随之进行必要的调整,这样整个复杂系统模型才是完备的,模型间相互作用的涌现才是可以引导的。由于航空指挥和保障系统模型的数据规模很庞大,模型要素之间的关系也非常复杂,因此保持视图间数据一致性是航空指挥和保障复杂工程系统多视图建模研究的最大的问题之一。

4.2 复杂工程系统多视图系统架构建模方法

4.2.1 多视图系统架构模型分类及描述方法

多视图建模即采用多个不同视图来描述系统的不同侧面,是航空指挥和保障系统一体化综合设计建模的典型策略之一,也是复杂工程系统综合设计

的基础[22]。结合航空指挥和保障系统特点及设计需求,研究并建立以航空指挥和保障系统过程视图为核心的功能视图、信息视图、资源视图、组织视图、环境视图、系统视图和能力视图八维视图,一方面以过程视图为核心,揭示某一业务过程所涉及的资源及组织战位;另一方面以系统视图为核心,揭示系统功能及能力指标是如何关联分配的。

（1）过程视图

应用 IDEF3 方法定义了航空指挥和保障系统的过程模型。过程模型描述了航空指挥和保障系统组成过程的各个活动（或子过程）及它们之间的逻辑关系（如激活的前后顺序和彼此之间的制约条件等）,对每个活动还定义了与资源、组织、功能、信息和环境这些要素相关的一些属性,如图 4-2 所示。

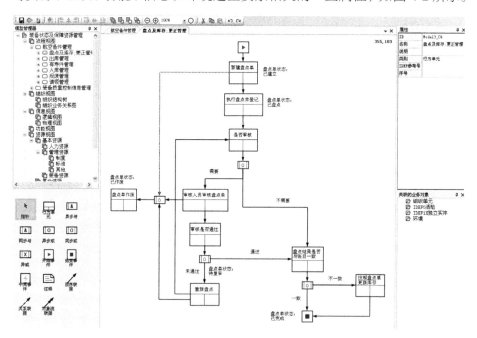

图 4-2　过程视图

（2）功能视图

主要映射系统诸环节的各种功能,并将它们联系起来,将系统描述成相互关联的功能集合,如图 4-3 所示。该视图模型采用 IDEF0 作为功能视图的设计方法,用图形化与结构化的方式,将一个系统的功能、信息和对象间的相关性严谨地表达出来,让设计人员通过图形便可清楚系统的运作方式及功能所需的各项资源,并为系统设计者提供了一种交流与讨论的一致性标准化语言。

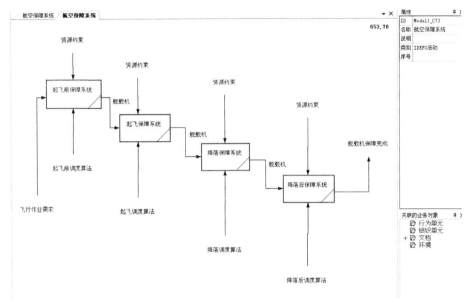

图 4-3 功能视图

（3）信息视图

信息视图模型主要描述航空指挥和保障系统各作业环节各系统之间的信息传递关系，通过将其他视图中需要使用的数据结构移交给信息模型表达，减小其他视图建模的负担，并且加强数据机构的重用和数据的管理及优化，从而实现信息集成。该视图模型采用 IDEF1X 方法构建，如图 4-4 所示。IDEF1X 是一种在实体联系模型化概念和关系理论的基础上发展起来的语义数据模型化技术，结合了 E-R 模型和结构化分析的优点，支持数据库概念模式开发所必须的语义结构，语法语义强健有效，便于生成数据模型，并且方便自动化。

（4）资源视图

应用层次结构的方法通过资源模型将航空指挥和保障系统所有的资源的层次结构表达出来，如图 4-5 所示。资源模型包括航空指挥和保障系统资源的分类结构，还包括根据航空指挥和保障系统的需要而形成的不同资源之间的组合关系。

（5）组织视图

将航空指挥和保障系统的组织结构模型化，来描述组织部门之间的层次关系。如图 4-6 所示，其树状组织模型描述了航空指挥和保障系统组织的层次结构和展开关系，以及不同组织部门之间的隶属关系和合作配合关系，将

航空指挥和保障系统的组织结果模型化，便于梳理、管理和调整系统的组织结构。

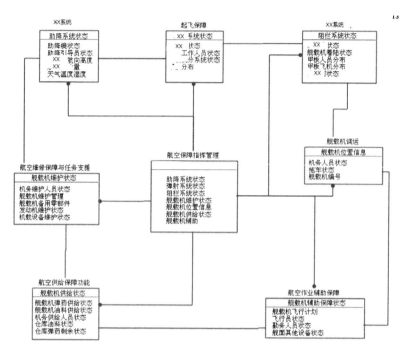

图 4-4　信息视图

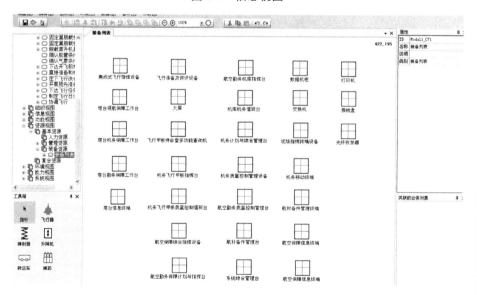

图 4-5　资源视图

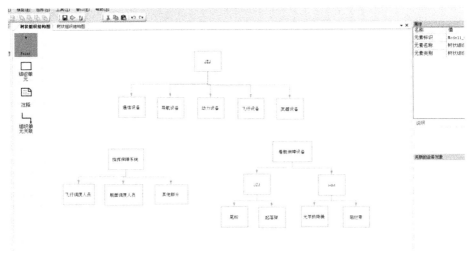

图 4-6　组织视图

（6）环境视图

应用层次结构方法表达整个航空指挥和保障系统的环境类型、结构及与它们相关的过程信息，如图 4-7 所示。

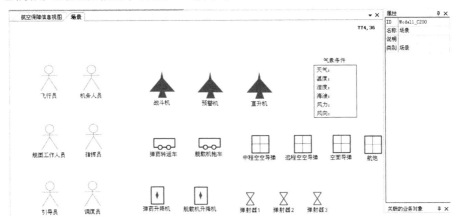

图 4-7　环境视图

（7）系统视图

系统视图主要是对航空指挥和保障系统组成情况的描述，具体包括明确各子系统的功能、战技指标与主要组成。该视图可与功能视图、能力视图进行关联设置。该视图模型使用树状结构模型进行构架，如图 4-8 所示。整个航空指挥和保障系统的系统视图包括系统的总体组成和系统分解情况，树状结构的每一个节点代表一个子系统，并对应一系列过程，用来描述整个航空

指挥和保障系统的类型、结构及与它们相关的过程信息。

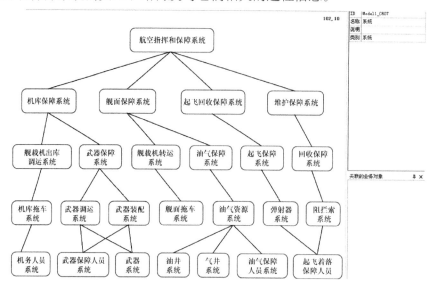

图 4-8　系统视图

（8）能力视图

应用层次结构方法描述航空指挥和保障系统内指挥与保障能力结构和相互关系，说明航空指挥和保障系统已拥有何种指挥与保障能力，如图 4-9 所示。

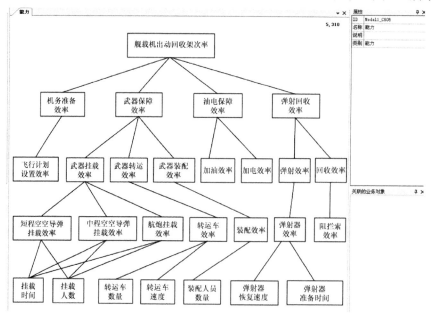

图 4-9　能力视图

从目前对实施航空指挥和保障系统总体设计的需求来看，八个视图基本上能满足对航空指挥和保障系统的完整描述。

4.2.2　多视图模型关联关系提取

从航空指挥和保障系统架构设计需求来看，八个视图基本能够满足对系统的完整描述。不同视图间的逻辑关联是航空指挥和保障系统模型所固有的，如图 4-10 所示，视图之间的关联分为强关联（用实线表示）和弱关联（用虚线表示）。由于在过程模型中描述了各活动调用的资源、依赖的组织、对应的系统功能、处理的信息实体和可能发生关联的子系统，因此，过程视图在诸视图中居于核心地位，它与其他视图关联较强。其他视图之间的关联强弱不等。

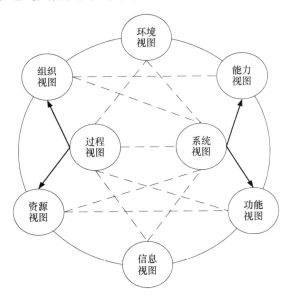

图 4-10　不同视图间的逻辑关联

1. 过程视图与其他视图的关联

（1）过程视图与资源视图的关联

航空指挥和保障系统执行任务过程及其中的活动要受系统的资源条件约束，过程模型所涉及的资源在资源模型中要有所体现。这样，过程模型可以引用资源模型中的具体资源。另外，在建立过程模型时可能会提出新的资源组合关系的需求，促使原资源模型的调整。

（2）过程视图与组织视图的关联

航空指挥与保障的过程都是在一定的人员支持下实现的。过程模型中所

涉及的组织单元和角色要体现在组织模型中，即过程模型中的组织信息可以来源于组织模型，过程建模中对组织结构调整的要求可以反映到组织模型中。

（3）过程视图与功能视图的关联

航空指挥和保障系统过程模型或其中的活动都对应一定的功能，但过程模型能够描述的只是活动之间的前后次序关系，而具体功能之间的结构关系和信息联系，在功能视图中通过功能模型表达出来，所以本质上两种模型是同一事物的不同表现形式。

（4）过程视图与信息视图的关联

在航空指挥和保障系统过程模型中，系统的各种信息实体要以输入/输出的形式在活动之间产生和传递，但这些信息实体毕竟不是过程模型的组成要素，对它们的详细定义及描述它们之间的关系难以在过程模型中表达出来，而需要在信息视图中通过信息模型表达。

（5）过程视图与环境视图的关联

环境因素往往影响着航空指挥与保障过程。环境因素能够与多个过程联系起来。在与指挥与保障直接相关的过程模型中，环境因素以过程及其所属活动的输入形式存在。

（6）过程视图与系统视图的关联

航空指挥和保障系统及其子系统往往有很多为之服务的过程，如加油、牵引、调运等过程，系统能够把多个过程联系起来。反之，在与系统直接相关的过程模型中，系统及其子系统以过程及其所属活动的输入和输出形式存在。

（7）过程视图与能力视图的关联

航空指挥和保障系统是为完成一定的指挥与保障任务，由功能上相互联系、相互作用的各指挥与保障系统组成的更高层次的系统。航空指挥和保障系统能力指标体系和指挥与保障过程直接相关。

2．较强的视图关联

（1）资源视图与组织视图的关联

航空指挥和保障系统资源一般都隶属于具体的组织部门，资源的使用要受到组织的制约，而且组织模型中的元素（如组织单元和人）在航空指挥和保障系统资源视图中是以资源的形式存在的。

（2）功能视图与信息视图的关联

航空指挥和保障系统功能模型中描述了功能之间的信息传递关系，每一

个功能的输入和输出都是信息模型中的实体。但在航空指挥和保障系统功能模型中，只描述了功能之间传递的是什么信息，而这些信息都由哪些具体的字段组成及不同的信息实体之间的关系，则在信息模型中描述。

（3）组织视图与功能视图的关联

航空指挥和保障系统任何功能都是在一定组织机构的支持下实现的，表现在 IDEF0 航空指挥和保障系统功能模型中，即支持各个功能的机制来源于组织模型。

（4）能力视图与系统视图的关联

航空指挥和保障系统能力是完成一个完整的指挥与保障任务的"本领"或"潜力"，这种能力既来源于构成航空指挥和保障系统的子系统的性能要素，也来源于航空指挥和保障系统的结构组成。

3．较弱的视图关联

航空指挥和保障系统视图间的弱关联是指这些关联不十分明显，或者只是在逻辑上存在，而在模型上仅是通过其他模型（如过程模型）间接获得。

① 对航空指挥和保障系统的系统视图来说，尽管航空指挥和保障的资源、组织、功能和信息都是为系统服务的，可以找到系统视图与这几个视图在逻辑上的关联，但引进系统视图主要用来联系不同的过程，系统视图与其他视图的关联都是通过航空指挥和保障过程实现的。

② 对航空指挥和保障系统资源和组织来说，虽然信息模型中能够描述关于航空指挥和保障系统资源和组织的信息实体，但这些信息应该是从航空指挥和保障系统过程模型中提取的，而不能直接关联到航空指挥和保障系统资源视图和组织视图，因为双方不属于一个层次。

③ 虽然功能的实现要调用一定的资源，但在功能模型中并不直接表现这方面的信息，功能视图与资源视图的关联也是通过过程视图实现的。

4.3 航空指挥和保障系统多视图模型融合技术

4.3.1 多视图模型一致性保证体系

1．航空指挥和保障系统视图一致性的前提条件

为便于研究问题，需要假设几个前提条件，在一般情况下它们是能够得到满足的。

条件 1：航空指挥和保障系统不存在毫不相干的指挥与保障过程或设备，这意味着我们的视图一致性保证限制在一个航空指挥和保障系统模型之内。

条件 2：航空指挥和保障系统每个视图内模型已经保证了正确性。

条件 3：航空指挥和保障系统的所有过程都可以表达在过程模型中，即使基于实际情况不需要对某些（子）过程进行分解，这些过程也作为它们父过程的节点在模型中存在，表示航空指挥和保障系统中有这些过程。

条件 4：航空指挥和保障系统资源模型和组织模型中的任何节点在过程视图中都是有用的，即与航空指挥和保障系统过程绝对无关的资源或组织是不存在或没有意义的，因为根本不需要为它们建模。

2．航空指挥和保障系统视图一致性的规则

航空指挥和保障系统视图一致性规则实际上是一种两个视图之间关联的概念规定，包括以下三类。

（1）航空指挥和保障系统视图一致性的引用规则

引用规则规定在一个视图中定义与其他视图元素相关的属性时，必须在相应的那个视图中引用。

航空指挥和保障系统的过程模型的各个活动所需要的资源，必须从资源模型中引用，如果有新的资源需求，则首先要在资源模型中定义。

航空指挥和保障系统的过程模型的各个活动所依赖的组织单元或角色，必须从组织模型中引用。如果需要新的组织单元或角色，则首先要在组织模型中定义。

航空指挥和保障系统的过程模型中作为输入和输出的系统及其子系统，必须从系统模型中引用，而不能自行定义。

航空指挥和保障系统的系统模型中涉及的过程，必须在过程模型中引用，如果涉及新的过程，则首先要在过程模型中定义。

（2）航空指挥和保障系统视图一致性的提取规则

在一种模型建立时，需要从另一种模型中提取信息，其提取规则在本视图中加以细化或具体化。

航空指挥和保障系统的信息模型中的信息实体必须从过程模型中提取出来，然后在信息模型中详细定义。由航空指挥和保障系统的过程模型导出功能模型时，功能模型中作为支持机制的组织单元或角色，从过程模型中派生出来。

（3）航空指挥和保障系统视图一致性的派生规则

派生规则适用于同样一种事物在不同的视图中有不同的表现形式。

航空指挥和保障系统组织模型中的角色一经定义，在资源模型中即派生一种人力资源。航空指挥和保障系统的功能模型中各个层次的功能实体都必须从过程模型中派生，不能凭空定义，即体现功能应满足过程需要这一原则。一致性规则只是一种约束条件，不作为方法上的指导。

4.3.2　多视图模型融合冲突消解机制

忽略弱关联，将一个视图看作一个顶点，多视图模型就是一个简单有向图，里面含有 7 个圈，它们的存在增加了视图一致性保证的难度，所以应该破圈，即解除圈中的某些弧（关联），使任何两个视图之间的关联，无论是直接的还是间接的，只有一条途径，变关联的网状结构为树状结构[23]。如航空指挥和保障系统视图一致性的关联消解，就是破圈，可以有多种方案。

（1）解除航空指挥和保障系统过程视图——组织视图的直接关联

航空指挥和保障系统过程模型对资源和组织的引用都可以是直接的，但它与组织模型的引用可以通过资源模型来进行。这样可以避免以下错误：在过程模型的一个活动所引用的资源不属于它引用的那个组织单元。如果解除了过程视图—组织视图关联，同时也破掉了另外两个圈：过程视图—功能视图—组织视图；过程视图—信息视图—功能视图—组织视图。

（2）解除航空指挥和保障系统过程视图——信息视图的直接关联

在航空指挥和保障系统过程视图—功能视图—信息视图构成的圈中，过程模型既可以导出功能模型，也可以导出信息模型，但由于功能模型和信息模型在逻辑上联系更直观，过程模型能够通过功能模型在信息视图中释放各个信息实体，因此过程视图与信息视图的直接关联可以解除。这样，同时也破了过程视图、资源视图、组织视图、功能视图和信息视图组成的大圈。

（3）解除航空指挥和保障系统功能模型——组织模型的直接关联

航空指挥和保障系统功能模型从过程模型中导出时，就可以附带组织方面的属性，因此可以不需要保持过程模型与组织视图的直接关联。

关联消解用于降低视图一致性保证的难度，它保证在一定阶段内任何两个视图之间只有唯一的关联途径。在建模过程的不同阶段，可以使用不同的关联消解方案，从多个途径对各个视图进行一致性遍历。因此，关联消解只是处理复杂工程系统问题的一种降维解析手段，它并不表示消解后的关联在

绝对意义上不存在。

如果采用手工方法建模，只要遵循一致性规则，在原理上可以使一致性得到最大限度的保证。但手工方法毕竟效率很低，而且容易出现人为的错误。因此我们要在所开发的建模工具中采用航空指挥和保障系统视图一致性机制来保证一致性规则的落实，这些机制相互补充，并在一定的关联消解方案下发挥作用。

（1）航空指挥和保障系统视图一致性的操作约束机制

在建模过程中，航空指挥和保障系统自动按照一致性规则约束用户的某些操作。如不允许用户在过程模型中直接使用资源模型中未定义的资源。

（2）航空指挥和保障系统视图一致性的自动反馈机制

每当以某种方式确认完成一个航空指挥和保障系统模型时，就按照一致性规则，在一个关联消解条件下自动在其他视图中进行检查。如完成一个航空指挥和保障系统过程模型后，自动在系统视图中检查这个过程模型所输入和输出的系统，或其子系统是否在系统模型中存在；在航空指挥和保障系统资源视图中检查所调用的资源是否在资源模型中存在；检查所依赖的组织是否在航空指挥和保障系统组织模型中存在，并检查资源是否属于这个组织。这个机制的主要作用是提醒和帮助用户进行一致性维护。

（3）航空指挥和保障系统视图一致性的抽查检验机制

在航空指挥和保障系统多视图建模的任何时刻，都允许对各个航空指挥和保障系统视图的一致性进行抽查，检查从航空指挥和保障系统过程模型开始，检索各个航空指挥和保障活动的输入、资源属性和组织属性，将它们分别同系统模型、资源模型和组织模型进行比较；然后，检查系统模型中的过程属性，在过程模型中寻找它们的标识；接着，检查过程模型和功能模型是否匹配；最后检查功能模型中的信息实体，与信息模型进行匹配。航空指挥和保障系统建模过程中出于某种考虑，用户可能暂时不急于保证一致性。抽查机制用于随时检查当前建模工作状态，告诉用户哪些一致性工作待完成。另外，它也有与自动反馈机制类似的作用。

4.4　基于多视图模型的系统平衡性仿真验证方法

复杂工程系统大多具有复杂性、非线性、动态性和多目标性等特征，使用传统方法对复杂系统加以描述和研究存在一定的困难，另外使用单一的方

法和模型无法全面地描述系统的特征和本质。在这种情况下，使用仿真系统数学模型进行分析和平衡设计就是一种行之有效的方法。

系统模型是对实际系统的一种抽象，是系统本质的表述，是人们对客观世界的反复认识、分析，经过多级转换、整合等相似过程而形成的最终结果，它具有与系统相似的数学描述形式或物理属性，以各种可用的形式给出研究系统的信息。系统模型可分为实体模型和数学模型。在系统设计阶段一般使用数学模型，因为其方便建立和修改、灵活性好。数学模型又包括原始系统数学模型与仿真系统数学模型。原始系统数学模型的建模过程称为一次建模，是使用数学或其他类似的方法建立相应的模型。仿真系统数学模型的建模过程称为二次建模，是一种适合在计算机上进行运算或试验的模型。因为仿真系统数学模型是二次建模，可较好地模拟实际系统，故仿真系统数学模型的使用范围较为广泛。

4.4.1　基于系统动力学的平衡设计基本流程

航空指挥和保障系统是一个复杂工程系统，是有人参与的随时间变换而变化的动态性、复杂性、非线性系统，针对它的平衡问题，用系统动力学建模不仅可以客观、准确、清晰地描述系统运行状态和系统要素之间相互关系，而且较为深入地从定性、定量的角度分析系统活动的动态发展运行机制。围绕系统平衡的目标，对航空指挥和保障系统建立系统动力学模型的基本过程如图 4-11 所示。

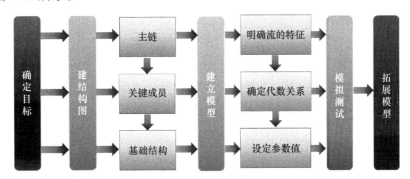

图 4-11　对航空指挥和保障系统建立系统动力学模型的基本过程

这一建模过程是一个迭代的过程，没有一个人能一次就建立一个正确的模型，只有通过不断反复才能成功，所以整个建模过程是一个迭代过程。建模是在提出和分析问题、产生假设、收集数据和建立模型、检验、试验和分

析之间的连续迭代过程，有修正和改变，避免进入死循环，有效的模拟试验是在虚拟世界中试验和真实世界中试验并采集数据之间的循环过程。根据仿真试验比较与评价的结果，评估模型中流图的合理性，修正因果关系和流图，不断反复，直到指标与实际系统吻合，或满足预定的要求。

4.4.2　基于系统动力学的平衡设计实现方法

1. 基于系统动力学的航空指挥和保障系统平衡设计的边界界定

在基于系统动力学的系统平衡设计中，将系统边界作为想象的轮廓，认为系统中的反馈回路为闭环回路。在建模过程中，以系统平衡设计为中心，按照与平衡设计相关程度将与建模联系紧密的内容划入边界，将与系统平衡设计无重要关联的内容剔除在外，且边界封闭，再通过定性分析，确定具体系统模型的边界。例如，保障库存系统的边界可能包括资源、需求等；故障维护系统的边界可能包括正常装备数量、故障装备数量；调度系统的边界可能包括出动飞机数量、出动任务表。

2. 基于系统动力学的航空指挥和保障系统因果关系分析

建立保障系统动力学结构的前提是确定系统中的因果反馈环。在系统动力学中，元素之间是相互影响、相互作用的，这种关系称为因果关系，系统的功能和行为正是通过这种因果关系的相互作用形成的。因果关系可以分为正关系、负关系、复杂关系及无关系，它是建立保障系统动力学模型的基础，也是对保障系统内部结构关系的定性描述。由于系统的复杂性，无法用语言或文字准确地描述区域保障系统的结构和行为，采用因果关系图的表达方式，便于对保障系统特性进行描述。因此在界定了系统的边界之后，围绕着系统平衡的目标，从系统涉及的过程、信息、资源、组织和能力等角度，分析影响目标的因素有哪些，再将系统的结构和行为用因果关系图的形式表示出来，为后续建模和仿真做准备。例如，在武器转运系统中，武器出库、入库的流动过程会受到升降机数量、转运车数量的限制，也会受到转运工人、储存区工人数量的影响，更会受到需求和实际之间差异的直接影响。

3. 基于系统动力学的航空指挥和保障系统平衡设计中的基本变量

（1）流

系统动力学中用流来描述系统的活动，表示系统从一个状态到另一个状

态的转化，由流驱动系统发生动态变化。流分为几种类型：守恒和不守恒流；单向和双向流。守恒流大多表示物料流，意味着它将存量所代表的物料移动到另一个或多个存量中，物料数量并没有发生变化，只是在系统中的位置发生了变化。从概念上讲，所有物质流都应当是守恒的，因为它遵守质量守恒定律，但物质在传输中可以改变形态。流所代表的内容可能来自一个无限大的源或流向无限大的汇，这时可能是非物质流，它不一定守恒，如人员的状态、操作技能的评价等，积累和消耗的过程可能是不守恒的。按流的方向分类，流可以是单向的，也可以是双向的，两个存量之间相互有流动的可能，需要注意的是，单向流只能取非负值，双向流可以取任何值。保障系统中普遍存在着资源的转运流、装配流和出动流等。

（2）存量

存量就是积累量，可以用来描述物质和非物质的积累，它反映了系统的状态或条件，也可以代表缓冲器和资源。存量最基本的作用是用来反映系统在某个时间点上的状态，当系统内所有的活动终止时，存量还保持原来的状态，因此如果在某个时刻冻结系统的所有活动，能够看到的唯一事物就是存量，因此它反映了系统每一时刻的状态。存量在系统中的作用体现在可以作为缓冲器和资源两个方面：一是因为存量是能够累积的，可以在系统中起缓冲器的作用，当存量的流入率和流出率不平衡时，存量会累积或衰减，存量的这种缓冲特性产生了动态的行为模式；二是存量可以作为流的资源，此时存量可被分为消耗性资源和不可消耗性资源/催化性资源。

4．基于系统动力学的航空指挥和保障系统平衡设计中的流图

因果关系图只能描述反馈结构的基本方面，而存量流量图不仅能描述反馈结构的基本方面，还能区别变量的性质。本节主要介绍航空指挥和保障系统平衡设计的系统动力学流图的基础结构和反馈环，然后构成一些经常出现的共性模块，它们是整个系统结构的基础和支撑，通过对这些基本结构和模块的变化和组合，可以根据实际情况实现最终的需要。

1）基础结构

基础结构是用来定义模型的特定行为模式，了解常用的主链型基础结构和支撑型基础结构的作用及相关的动态行为，可以简化建模工作。

（1）主链型基础结构

主链型基础结构是用流把存量依次串联起来的结果，物质形式可能会变

化，但不会流失。绝大多数的结构模型都有一个主链作为核心或主干，主链是活动流最重要的部分，因此系统平衡设计的系统动力学建模就是解决有哪些流，什么因素产生了这些流，这些流对主链中物质的分布有什么含义等问题。基于系统动力学的航空指挥和保障系统主链型基础结构如图 4-12 所示。

图 4-12　基于系统动力学的航空指挥和保障系统主链型基础结构

（2）支撑型基础结构

基础结构的第二种类型是支撑型基础结构，它也是以链的形式表现的，但是有"支撑"结构，它支撑着主链的活动和行为。基于系统动力学的航空指挥和保障系统支撑型基础结构如图 4-13 所示。

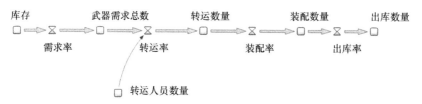

图 4-13　基于系统动力学的航空指挥和保障系统支撑型基础结构

2）反馈环

基础结构定义模型特有的动态行为后，添加到基础结构上的反馈关系将确定行为的现实模式。反馈关系是一种封闭的因果关系，通常存量是"条件"，条件一旦成熟，就会产生行动或产生流。反馈环是产生寻求目标行为的因素，寻求目标的行为使系统内的条件保持稳定，当这些条件发生偏离时，反馈就控制行为和条件达到一致，达到系统某种指标的平衡。反馈环使系统的模型具有特有的行为特点，使失误不会长盛或长衰，而是波浪式地发展，体现了系统的动态性和平衡性，这样的模型也更加贴近现实。反馈环包括抵消型反馈环和增强型反馈环，前者抵消或调节条件和目标之间的差异，维持系统的稳定性，后者是为了加大差异，加快接近目标的速度。如系统平衡设计中经常遇到的资源加工系统、人力的因素和库存之间就存在抵消型的反馈机制。基于系统动力学的航空指挥和保障系统反馈环如图 4-14 所示。

3）共性模块

建模的核心是定义系统中的流，流表示一个流程或系统中的活动，是动

态的根源。虽然各种实际的流在细节上有很多差异，但系统平衡设计中的大多数活动都可以用一系列简单的具有共性的模块表示，每个模块都利用了尽可能少的基本构造块，每个模块可以独立地代表某种动态特征。下面具体介绍五种基本模块，它们结构简单、功能强大，很好地反映了流的过程特点。

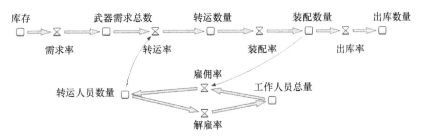

图 4-14　基于系统动力学的航空指挥和保障系统反馈环

（1）组合型模块

组合型模块适用于表示自增强型过程。流被定义为这两个输入量的积，流量是单位时间内已存在的每单位存量所产生的新输入的数量，构成了增强反馈型回路，存量的值随着时间推延呈上升趋势。

（2）消耗型模块

消耗型模块适用于被消耗的或衰减的系统，此模块相当于组合型模块的镜像，流量是单位时间内存量被消耗的比例，构成了消耗型反馈回路。消耗型模块存量的值呈指数递减的趋势。

（3）生产型模块

生产型模块表示用一些资源生产出成品的流，存量是用于生产的资源和加工后的物质，流量是相应的生产率，流是两个存量共同作用的结果，存量的数量上升或下降取决于生产率的大小。

（4）伴生型模块

伴生型模块适用于表示与主要流程同时运行的流程，还可用于追踪物流的属性。在此模块中，主输入流直接连接到其伴生输入流上，伴生流的输入包括主输入流和对应的流量，伴生流被定义为两者的乘积，伴生流的行为模式与主流是一致的。

（5）调节型模块

调节型模块是将输入流定义为存量和目标存量之差再乘以某个调整系数，而且流是双向的。它构成了一个调节型反馈回路，目标值是非零值，且

是一种双向调节，因此它的作用是当存量高于目标值时将其调低直到达到目标值，当存量低于目标值时将其调高，直到达到目标值。

一个木桶盛水多少并不取决于桶壁上最高的那块木板，而取决于桶壁上最短的那块木板，这一规律我们称为"木桶定律"，复杂工程系统的平衡与"木桶定律"非常相似，如果长板不能主动消减自己去适应短板，再长也对整体效能无用。复杂工程系统的最大能力不是取决于速度最快的作业，而取决于速度最慢的作业，最快与最慢的差距越大，能力损失就越大。复杂工程系统平衡性设计即是对系统的全部作业进行均衡化的适应性设计，调整各作业负荷或工作量，以使各作业时间尽可能相近或相等，让子作业能够协调适应，让子作业间的协同可以涌现出我们希望的结果，实现复杂工程系统的效能优化和稳定。

航空指挥和保障系统是一个复杂工程系统，是有人参与的随时间变换而变化的动态有机性、协同涌现性的复杂系统，针对它的平衡问题就是解决系统的适应性问题，我们采用多视图从能力、功能、过程、信息等角度进行系统架构描述，建立静态模型，然后，用计算机仿真方法（如离散事件仿真与系统动力学仿真）客观、准确、清晰地描述复杂工程系统运行状态和系统主体之间相互关系，而且较为深入地从定性、定量的角度分析系统活动的动态发展运行机制，发现涌现出的隐秩序，对系统各主体的活动加以管理和引导，通过复杂工程系统的整体架构设计实现系统效能的优化与提升。

4.5　本章小结

本章从复杂工程系统的系统性和层次性角度分析了航空指挥和保障复杂工程系统的特征，研究了国内外复杂工程系统的系统架构框架和多视图建模方法，分析了现有多视图建模方法的优缺点，提出了以航空指挥和保障系统过程视图为核心的系统视图、功能视图、信息视图、资源视图、组织视图、环境视图和能力视图相关联与融合的八视图系统架构建模方法，采用国际标准 IDEF 系列，建立了基于 IDEF 的航空指挥和保障系统体系结构描述规范，揭示该方法在复杂工程系统整体架构设计方面所具有的规律性和本质特征。

本章还重点分析了航空指挥和保障系统多视图之间的强关联、较强关联与弱关联关系；说明了复杂工程系统视图一致性的前提条件，总结归纳了系统视图一致性的引用、提取与派生三类规则；给出了系统视图一致性的关联

消解方法；提出了复杂工程系统视图一致性的操作约束、自动反馈、抽查检验三种机制，建立了航空指挥和保障系统多视图模型的视图一致性保证体系，突破了多视图模型融合技术在复杂工程系统的应用，在解决复杂工程系统多主体协同的涌现性和有机适应性方面进行了有益探索，在解决复杂工程系统的平衡设计上有所收获。

航空指挥和保障系统多视图系统架构建模及其模型融合技术的突破，还实现了复杂工程系统架构设计以"文档"为中心向"文档＋模型"的转变，减少了不同设计人员对复杂工程系统体系结构理解的差异性和二义性，提高了复杂工程系统描述的完整性及规范性，实现了复杂工程系统架构的升维建模，这也是系统工程正向设计的必经之路。

第5章

模型支持的复杂工程系统优化设计方法

　　模型是指对现实世界对象的抽象描述，起将特定对象普遍化的作用，但这种作用对建模者来说是一种求之不得的特性，因为建模的重要目标之一便是从特定的对象中总结出具有普遍意义的、可以复用的规律。这也是基于模型的系统工程的重要优势，即积累经验、提高效率。模型优化的设计是一个"去其糟粕，取其精华"的过程，在日常生活中经常会遇到需要优化设计的场景，如一次旅行的开始，我们要优化行李箱中物品的位置，以便能够携带更多的用品；我们要选择一条去往机场的最优路线，以便能够最快到达；我们要优化前往旅行地点的顺序，以便能够节省时间成本。

　　现实世界的复杂工程系统问题，一般需要运用深入的工程原理，经过分析建模才能得到解决。复杂工程问题涉及多方面技术、工程和其他因素，并可能相互有一定冲突，具有较高的综合性，包含多个相互关联的子问题。因此，解决复杂问题首先应将问题分解为可独立解决的简单子问题，该过程必须对复杂问题进行抽象描述，模型是描述问题的有效方法。模型优化的复杂工程系统优化设计方法是通过建立数学模型，将复杂问题层层剥茧，梳理内部复杂的关系网络，采用规划模型、网络模型、智能优化模型对复杂工程系统进行约束性描述、目标抽象，实现对规则的形式化表达，进而掌握问题的核心和本质。但这种方法的运用取决于我们对复杂工程系统运行机理的认知深度，否则难以全面描述系统行为。

　　从学科的角度来讲，航空指挥和保障技术还未形成完整的学科体系，更没有专业、系统地开展研究；从问题的角度来讲，由于该复杂工程系统涉及

面太广，需要把复杂问题分解才可逐一解决。本章从航空母舰舰载机甲板调度这一问题出发，可以部分把该问题抽象成车间调度问题，但由于缺乏该领域的基本理论和方法，传统的源自车间调度方向的方法往往不完全适用。因此，国内在舰载机调度技术和理论方法上，缺乏系统、科学的描述，并没有真正解决该问题。

本章围绕模型优化的复杂工程优化设计方法展开讨论，以解决复杂工程系统的次优性为重点，介绍了最优化理论和基本方法，并通过深入结合具体问题，对群体智能方法和工程领域的数学建模进行了详细介绍，特别是在甲板调度领域解决了舰载机保障作业调度、路径规划及关键模型置信度评估难题，给出了复杂工程系统运行规则的量化表达，该方法利用映射升维的思想，在一定程度上解决了复杂工程系统寻优的特性问题，同时，建立的针对工程中具体问题的数学模型描述了复杂工程系统局部的非线性变化规律，在某种程度上减小了系统不确定性。该方法称为模型支持的复杂工程系统优化设计方法（Model-support Systems Optimization Design），也称作模型优化方法（Model-optimization），简称"M"。

5.1 模型驱动的系统优化设计方法概述

近年来，复杂系统已呈现出功能高度复杂、各领域耦合关联、可重构、跨地域异地设计等诸多特点。与一般产品相比，复杂系统所带来的挑战是不同领域子系统间将产生不可预测的功能耦合、交叠甚至冲突，原本功能良好的子系统可能产生不可预测的行为。因此，针对复杂系统，在其概念设计阶段进行系统设计已成为不可缺少的重要一环。基于文档的系统工程自 20 世纪 40 年代被提出，对系统设计做出了重要贡献，有力地支持了复杂工程系统的设计。然而，随着系统复杂性的不断增加，尤其是异地分布式设计的出现，基于文档的系统工程已越来越无法满足要求，模型驱动的系统设计（Model-Driven Systems Design，MDSD）或称基于模型的系统工程（Model-Based Systems Engineering，MBSE）正成为复杂系统设计的基础，它从需求阶段开始即通过模型（而非文档）的不断演化、迭代、递增而实现系统设计，具有显著的优势，如通过模型的形式化定义可以清晰地描述系统设计初期结构、功能与行为等各方面的需求；基于模型可以尽早通过模拟分析发现大量不合理的设计方案；同时模型还为各方提供了一个公共通用的、无二义性的设计

信息交流工具，这一点尤其对复杂系统异地分布的系统设计具有重要意义。

最优化设计是复杂系统设计所追求的一种理想方法。在现阶段，通过建立最优化数学模型，一次性完成整个系统的设计还难以实现，但是，在系统设计的某些阶段（时间上）和某些方面（空间上）还是有可能采用最优化设计方法的。例如，系统的资源规划、布局设计等均有可能采用最优化方法完成。进行最优化设计的第一步实现对设计问题的形式化描述，建立最优化问题的目标函数并确定约束条件。然后寻求可行的求解方法，并将其以计算机算法的形式表示出来，最后据此编写程序，通过计算机求解出设计问题的最优解。在设计问题中，如果目标函数和约束条件都为线性函数，这样的规划就是线性规划。对于线性规划问题，目前已有成熟的算法，如单纯形法、图解法等。在许多情况下，针对特定形式的数学模型，已有现成的求解算法和计算机程序。此时，不需要再进行编程，剩下的工作只是正确地套用现有算法和程序，并进行结果分析。

多目标协同优化作为一种常用的系统优化设计方法，其针对系统多目标特点，考虑目标间的关系，采用协同优化的思想，最终获得问题的满意解。多目标协同优化在复杂耦合系统的设计中有着广泛应用。协同优化方法（Collaborative Optimization）[24]是由斯坦福大学 Kroo 教授提出的一种多学科优化方法，它是一种两层优化算法，包括若干学科级优化问题和一个系统级优化问题，二者同时进行优化。基本思想是通过子系统优化，每一个学科能够控制其自身的局部设计变量，并满足其自己的学科约束，而且不需要知道别的学科的约束和设计变量。子系统优化的目的是使学科间公共变量相容，系统级优化用来调整整个过程直到最小化整个目标函数。系统级优化器提供一系列的目标，这些目标用来优化系统级的目标函数；子系统优化器在满足局部约束的情况下，寻找能够最小化当前状态和目标之间的设计。由于采用了两层优化体系结构，系统层负责提供一系列设计目标，子系统层在满足本学科的约束前提下尽量减小同这些目标的差距，学科之间可以异步进行，相互数据交换较少，因此它可以利用异构硬件、软件，包括各种的学科优化方法，在不同的平台上分担优化计算量。此外，学科之间也相对比较独立，学科工程师能够参与到本学科的优化设计中。

（1）启发式算法

启发式算法指通过直观经验或经过试验得到的启发性规则去解决问题的方法，这些规则形成了算法的核心步骤，减少了运算时间，并可以通过严

谨的证明手段说明该规则能够比一般情况得到更好的结果。启发式算法相对于精确算法所取得的解可能只是可行解，但它凭借自身运算简单、易于理解的特点，在时间复杂度方面占据了较大优势。但一般的启发式算法受到问题性质的限制较大，大部分为"定制化"方法，只能解决特定问题，如 LPT（Longest Production Time）算法是解决单机最小化总完成时间问题的经典方法。

（2）精确求解方法

精确求解方法指通过对问题建立精确的数学模型，采用优化算法求得最优解，包括分支定界法、动态规划法、拉格朗日松弛法等。精确算法中最核心的是分支定界算法，其核心思想是将整个问题分解为求解一个个线性规划问题，并且在求解的过程中实时追踪原问题的上界与下界。整数规划模型是 NP-hard 的，因此分支定界法在复杂工程系统的优化问题中难以实际应用，与已有的启发式算法、近似算法相比效率更低。一种结合各自优势的方式是对问题进行精确建模，使用启发式或近似算法求得的解可以作为初始解（上界），求解原问题的线性松弛问题可得到下界，上下界形成的百分比可以作为初始解质量的检验标准。

（3）动态规划方法

动态规划方法是将一个问题分解为多阶段的决策问题进而求解的算法，经典的使用动态规划求解的问题包括动态库存控制、最短路径等，然而动态规划本身蕴含了一个和暴力枚举差不多的基本算法，尤其当决策空间维度很大时，算法求解时间会随着问题规模呈指数级增长。在求解真正复杂的工程优化问题中，只能近似求解，即近似动态规划。

5.2 基于启发模型的复杂工程系统优化设计方法

5.2.1 群体智能优化模型

群体智能（Swarm Intelligence，SI）的概念最早是在 1989 年由 Gerardo Beni and Jing Wang 在研究细胞机器人系统框架下的仿真、自组织主体特性时提出的。群体智能是解决组合优化问题中基于种群的随机方法。

在种群中，个体的集体行为源于群体内部或与环境之间的互动交流，这种集体行为产生了较强的全局搜寻方式。群体智能算法多数受到自然界启发，特别是在生物系统中衍生了许多这类优化方法，最具代表性有蚁群算法

（Ant Colonies Algorithm，AC）、粒子群优化算法（Particle Swarm Optimization Algorithm，PSO）和差分进化（Different Evolution，DE）。近年来，群体智能优化算法备受关注，不仅在已有基础上取得突破，同时一些新兴算法也相继被提出。这些新算法虽被大量使用在复杂调度系统的优化求解中，但各有瑕疵，针对不同问题求解的效率无法一致。本节将重点介绍粒子群优化算法的基本流程及其在复杂工程系统中的建模应用。

　　粒子群优化模型[25]是基于对生物社会活动的模拟，受到鸟群、鱼群的迁徙及人类社会繁衍和聚集活动的启发，结合优化问题的本质，早期的科学家提出了群体智能的概念，对自然界中的生物行为进行了抽象，形成了以群体智能模型为核心的最优化解决方案。在设计具体的算法之前，往往要广泛参考相关领域的研究成果，许多生物学家和社会学家对自然界生物迁徙和人类社会活动进行了深入研究：C.W.Reynolds 提出的 Boids 模型很好地描述了鸟类在飞行中的群体聚集行为；E.O.Wilson 提出群体的信息分享带来的优势提供了鸟类生存的必要条件；R.Boyd 和 P.J.Richerson 提出了在决策过程中信息共享和个体学习的概念。在以上生物社会学家的研究基础上，科学家发现群体的迁徙和进化是结合了个体认知和社会认知的结果，搜寻较好的栖息地的过程就是不断依据各种资源调整路径的过程，这便是粒子群优化算法的核心内容。J.Kennedy 是首次将粒子群优化算法的概念与组合优化问题相结合的科学家，他抽象出了鸟类在迁徙过程中飞行方向和速度的改变使鸟类找到更加适合生存的栖息地的思想。此后，各种基于原始的 PSO 算法架构又相继提出了大量的改进版本，同时由于其在搜索过程中的简洁性和高效性，被大量应用在多维空间的参数优化问题中。

5.2.2　基于粒子群的机场资源调度优化

　　民航机场资源调度是一类典型的复杂系统优化设计案例，该系统的主要功能是利用自身所具有的各种资源，为航空公司提供飞机地面保障服务，为旅客、货物和邮件提供航空运输所需的各种地面服务。机场收入的主要来源是旅客过港费和资源使用费，合理地调度和利用自身的各种保障和服务资源是机场运营的核心。这些资源包括人力资源（各种保障人员和服务人员）、保障设施（跑道、机坪等）以及各种各样的保障设备（加油设备、加气设备、充电车、廊桥、客梯车、牵引车等）。

　　为便于展开对民航机场停机位分配问题的讨论和研究，这里先简单介绍

民航机场的基本情况。

一个典型的民航机场由跑道、滑行道、站坪及航站楼四个基本部分组成，其布局如图 5-1 所示。站坪上经常要划分一定数量的停机位，设定连接航站楼、滑行道及各个停机位之间的飞机和车辆专用滑行/运行线路。与飞机和旅客相关的地面保障活动基本都是在这个区域进行的，如旅客上下飞机、飞机加油、装载货物、补充供应品等，因而在大中型机场，这个区域经常最为繁忙。此时存在多架飞机争夺有限的空间资源和保障资源，以及各飞机需要根据出港任务的优先顺序进行排序的问题，涉及时间、空间和资源配置的诸多约束。因此，缩短飞机调运及保障时间不仅有助于提高飞机保障作业的效率，还能提高各类资源的利用率。对该问题的研究和求解能够更加合理地利用各类资源以提高保障系统的效率。

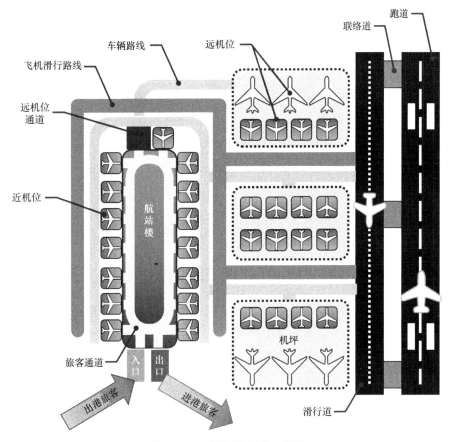

图 5-1　民航机场布局示意图

为将问题的重点放在优化民航机场飞机保障位置分配及保障顺序方面，现将简化后的民航机场飞机保障任务分为以下四个阶段：①飞机回收阶段；②飞机转运阶段；③飞机保障阶段；④飞机起飞阶段。本节将飞机保障阶段中选择停机位作为核心问题，通过群体智能优化模型求解。研究问题被定义为有 J 个飞机在 M 个等效的停机位置进行保障，由于每个飞机的状态不同，保障时间也不同，不同飞机有所属的关键资源，且资源唯一不能同时占用。有 q 种关键资源类型，飞机的保障时间和对应的关键资源类型分别为 p_i 和 m_i，$i = 1,2,3,\cdots,J$。S_k 是使用相同资源 k 的飞机的集合，$k = 1,2,\cdots,q$。V_k 是使用相同资源 k 的飞机的保障时间之和，为保持问题的一致性，规定 $V_1 \leqslant V_2 \leqslant \cdots \leqslant V_q$，问题的目标为最小化最大保障时间。

为简化实际生产中复杂性约束，研究中存在以下假设：

① 保障位置在零时刻均可用；

② 飞机无到达时间，可在零时刻在多个等效保障位置上同时进行保障作业；

③ 飞机应保持连续保障状态，不能被其他飞机临时抢占或被打断；

④ 飞机保障无权重约束；

⑤ 不考虑保障位置的维护时间；

⑥ 每种资源的数量均为 1；

⑦ 使用相同资源的飞机不允许同一时刻被保障；

⑧ 不考虑资源的到达时间。

本节采取的离散粒子群优化算法的设计方式参考了 Liao 等[26]的离散粒子群算法，并根据问题特性设计了具体的编码和解码方式，通过启发式演算法产生了初始解，这种初始解的产生方式，提高了算法的运行效率。离散的粒子群算法与原始的粒子群优化算法的主要区别表现在两方面：一是，离散粒子群算法中粒子由二进制变量组成；二是，粒子的速度需要转化成一个关于速度的二进制函数。

结合民航机场航空指挥和保障调度优化的问题特点，将该问题抽象成为带有资源限制的并行调度问题，Tsuiping Chung 等[27]和 Haidan Zhao 等[28]对该问题在实际生产过程中的应用进行了深入研究，在算法的编码和解码及粒子初始化方面做出了改进和延伸。粒子的编码通常将工件的排列设置成为一组含有 n 个工件的数列形式，本节采取了飞机与停机位对应位置的关系，对粒子速度进行了重新的定义。粒子群优化算法的核心内容是粒子运动方向的

确定，离散粒子群算法通过对速度的改进，使算法的应用从实数范围扩展到可以解决实际的并行停机位的调度问题。此外，在改进的粒子群优化算法中，本节通过采用启发式算法产生问题的初始解，改进的离散粒子群优化算法流程如图 5-2 所示。

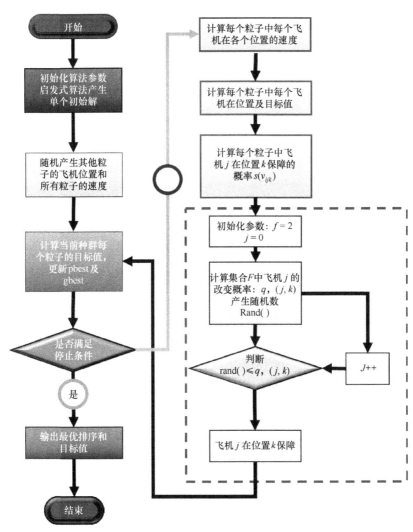

图 5-2　改进的离散粒子群优化算法流程

5.3　基于数学模型的复杂工程系统优化设计方法

运动协调问题是多移动机器人系统领域的研究热点之一。多机器人运动

协调是指在多机器人系统中，为了高效地完成任务，各机器人在采取行动的同时，通常还要考虑系统中其他机器人的行动以达到各个机器人响应行动的同步化和协调化。根据协调机制控制原理的不同，可以将多机器人系统运动协调方式分为集中式、分布式与混合式协调三种。目前解决运动协调问题的常用方法包括人工免疫算法、遗传算法、基于调度模型的协调算法[7]等。这些协调算法存在复杂度高、求解困难、构造模型复杂等缺点。本节将以甲板舰载机路径规划为例，介绍基于数学模型的复杂工程优化设计方法。

5.3.1　舰载机路径规划建模

由于航空母舰甲板舰载机移动的特殊性，在规划其移动路径时需要考虑甲板空间的狭小性、舰载机的移动约束、不同业务场景下舰面设施及障碍物的空间约束等问题，而且对实际应用场景来说，往往要求路径规划算法具有较快的执行效率。传统的路径规划算法很难满足这一应用背景下的路径规划需求。同时，在解决舰载机运动协调问题时，需要考虑舰载机运动特性、特殊路径环境约束、算法计算效率、协调成功率等因素，采用传统的运动协调方案很难满足实际需求。

甲板舰载机路径规划问题研究的是在甲板布局已知的情况下，舰载机的全局路径规划方法[29]。算法需要规划舰载机从某一停靠战位出发，运动到目标战位的整个过程。基于舰载机调运业务的实际特点，本节研究的算法将舰载机的移动路径划分成多个运动阶段的路径段集合，提出了两种路径生成的标准模式："三段式"和"两段式"。算法通过设置各段路径的生成函数，构造生成一系列带有多个特征参数的路径集。基于生成的路径集，通过设计路径评价函数实现路径的择优筛选，从而实现舰载机的移动路径规划。

甲板舰载机路径规划算法主要解决在设定的甲板场景下，基于标准运动模式和评价模型，舰载机从给定起始位置，运动到终止位置的移动路径规划问题。其中舰载机的起止位置由舰载机起止战位的状态给定。算法需考虑的舰载机运动特征参数包括舰载机的长度、宽度和最小转弯半径（当转向盘转到极限位置，舰载机以最低稳定车速转向行驶时，外侧转向轮的中心在支撑平面上滚过的轨迹圆的半径），设定场景中的环境包括场景边界、障碍物及多个停靠战位信息。这里将重点介绍"三段式"路径规划方法。

"三段式"路径规划方法是指将舰载机移动过程抽象成"出库—转运—入库"三个阶段。路径规划过程主要包括出入库点的选取，出入库动作的设

计及中间转运路段的生成。

1. 出入库阶段路径规划

在"三段式"模式下，将舰载机出库动作定义为舰载机从起点沿着一定半径的圆弧轨迹运动到出库点的过程，入库动作定义为舰载机从入库点沿着一定半径的圆弧轨迹运动到终点的过程。

如图 5-3 所示，以舰载机中心点为坐标原点 O，舰载机机头方向为 Y 轴正方向，构建舰载机的局部坐标系 XOY。圆弧 $\overset{\frown}{OA}$、$\overset{\frown}{OB}$、$\overset{\frown}{OC}$、$\overset{\frown}{OD}$ 是舰载机以 O 为起始点，以最小转弯半径 $R_{\min}$ 运动时的运动轨迹（$\overset{\frown}{OA}$、$\overset{\frown}{OB}$ 为舰载机前进时的运动轨迹，$\overset{\frown}{OC}$、$\overset{\frown}{OD}$ 为舰载机后退时的运动轨迹）。由于舰载机有最小转弯半径的约束，当考虑在距离舰载机中心 d 长度距离的圆上选取舰载机可能的出库点时，则只能在弧 $\overset{\frown}{AB}$ 和 $\overset{\frown}{CD}$ 上进行选择。记 $\angle BOX = \alpha$、$\angle AOB = \theta$，根据几何关系可以得到：

$$\alpha = \arccos \frac{d}{2R_{\min}}$$

根据 α 则可计算出点 $ABCD$ 的相应坐标。

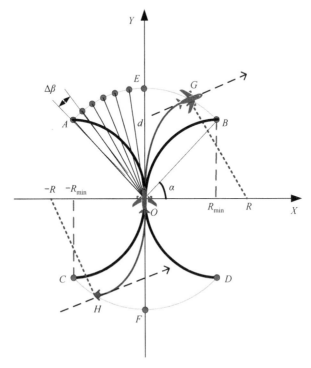

图 5-3　出库示意图

出库点的选取原则如下：

① 选择的出库点必须在圆弧 $\overset{\frown}{AB}$ 和 $\overset{\frown}{CD}$ 上；

② 在圆弧 $\overset{\frown}{AB}$ 和 $\overset{\frown}{CD}$ 上每间隔一定弧度 $\Delta\beta$ 选取一个点；

③ 出库点所在圆弧半径 d 的大小作为算法参数可根据需要进行调整。入库点的选取和出库点的选取原则相同。

根据上述选点原则，可以得到一个有限的出入库点集合。对于出库过程，其轨迹由每一个出库点 G 和起点 O 确定的一段圆弧对应，舰载机运动到出库点时的方向为沿着圆弧 OG 在 G 点的切线方向。入库过程与出库过程类似。根据几何原理可以确定 $\overset{\frown}{AB}$ 和 $\overset{\frown}{CD}$ 弧上的任意出库点 G 构成的出库轨迹 OG 其转弯半径 R 均大于舰载机的最小转弯半径。

2．转运阶段路径规划

舰载机的中间转运路段采用三次贝塞尔曲线生成。如图 5-4 所示，三次贝塞尔曲线是一条依据四个任意控制点的坐标绘制出的一条光滑曲线。控制点 P_0 和 P_3 对应着第一阶段选出的出入库点组合，控制点 P_1 沿着出库点 P_0 正方向选取，与 P_1 距离为 l，控制点 P_2 沿着入库点 P_3 的反方向选取，与 P_3 距离为 l。设 P_0，P_1，P_2、P_3 四点的坐标向量分别为 $A=(x_0, y_0)$、$B=(x_1, y_1)$、$C=(x_2, y_2)$、$D=(x_3, y_3)$，转运阶段舰载机轨迹曲线可表示如下。

$$P(t) = A(1-t)^3 + 3B(1-t)^2 t + 3C(1-t)t^2 + Dt^3$$

其中，$t = 0,\cdots,1$。

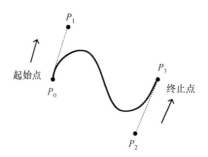

图 5-4　三次贝塞尔曲线

3．路径评价与择优

由于舰载机出入库点为一个集合，因此可以构造出多条舰载机移动路径，算法需要在这些构造出的移动路径中进行筛选，选择最为优秀的路径作为算法路径规划结果。因此需要开展路径的评价与择优过程。

（1）路径可行性评价

对于舰载机在航空母舰甲板的移动，考虑到舰载机在移动过程中不能与舰面固定障碍物发生碰撞，且不能运动到甲板边界之外，因此需要对构造出的舰面路径进行可行性评价。可行性评价时主要考虑以下因素：

- 移动路径是否有部分路径超出了甲板轮廓范围；
- 移动路径是否与甲板场景内的固定障碍物（如舰岛等）发生了重叠；
- 移动路径中贝塞尔曲线部分的最大曲率换算成的转弯半径是否小于舰载机的最小转弯半径 $R_{\min}$。

对于无法通过路径可行性评价的路径，算法直接将其抛弃，不作为候选输出对象。

（2）路径价值评价

路径价值评价模型主要针对通过了可行性评价的路径，称为有效路径，通过构造特定的价值模型对有效路径的价值进行定量化表示。在本问题中，构造有效路径的评价模型主要从以下几个评价维度考虑。

- 路径长度：对舰载机移动来说，较短的移动距离通常会意味着较小的资源和时间消耗，因此构造出的舰载机移动路径越短，价值越高。
- 途径战位的数量：由于航空母舰空间的局限性，航空母舰甲板上的功能区高度复用，舰载机在移动时很难避免不经过其他功能区域。尤其是舰载机停靠战位，为高效地完成舰载机调运，当停靠战位没有其他舰载机停靠时，是允许待调运的舰载机"经过"的。即允许规划出的舰载机移动路径与甲板战位发生重叠。但甲板战位与规划出的路径发生重叠的情况越多，就意味着在实际调运过程中，舰载机沿这条路径移动时被停靠在其他战位上的舰载机挡住的概率越大。因此规划出的移动路径"经过"的战位数越大，其价值相对越低。
- 路径的平稳程度：由于航空母舰甲板空间狭小，在很大程度上限制了舰载机移动的自由度，因此对舰载机移动来说，如果在移动过程中转弯次数过多或转向角度过大，都意味着舰载机需要付出更多的时间和资源成本。因此对规划出的舰载机移动路径来说，其转向角度越小或转向次数越少，则价值越高。

基于上述思想，将有效路径的价值评价模型用价值函数 f 表示：

$$f = \alpha V_1 + \beta V_2 + \gamma V_3$$

式中，V_1、V_2、V_3 分别为路径长度价值、路径战位价值和路径平稳性价

值的价值函数，其值域范围均为[-1, 0]；α、β、γ 为三个价值的权重，有效路径的总体价值体现为三个价值分量的线性加权和，f 值越大，表明路径价值越高。

在进行路径择优时，根据上述方法计算每条有效路径的价值，从中选取一条或几条价值最高的路径。

（3）实验过程与分析

本节设计的路径生成算法包括生成和评价两个部分。生成部分包括三个可调参数，分别为出库点所在圆弧半径值 d（在"两段式"模式下 d 为出库点距终点的最大距离），选取出库点的步长 $\Delta\theta$ 或 Δd，用于计算贝塞尔曲线控制点的长度值 l，评价部分的可调参数包括三个评价指标的权重系数 α、β、γ。

对于同一起止战位，通过调整可调参数的值可以得到不同的舰载机移动路径。经大量实验发现，当 d 和 l 值取舰载机机身长度值的两倍，α、β、γ 分别取 0.3、0.5、0.2 时，能够取得良好的路径规划效果。实验证明该算法具有较快的路径规划能力，单一起止点间路径规划耗时平均在 0.01s 左右。算法实现时也将两种寻路模式结合起来，当"三段式"下无有效路径生成时自动调用"两段式"生成方式，确保了路径生成的可靠性。

5.3.2　舰载机运动协调建模

在航空母舰甲板环境下，多个舰载机在调运过程中可能会发生碰撞和冲突。运动协调算法能保证多舰载机在运动时相互之间不会产生干扰和碰撞，同时每个舰载机尽可能快地完成各自的移动任务。因此运动协调算法的目标有以下两点：

① 算法合理，保证每个舰载机能够顺利地从起始战位到达目标战位，同时要满足不与其他移动舰载机发生碰撞。

② 最小化所有舰载机完成移动任务的最大完成时间，即要尽量避免每个舰载机在移动时不必要的停顿，使得每个舰载机能尽早地完成任务。

给定一组多舰载机移动任务，包括以下信息：

① 每个舰载机的大小及运动学模型；

② 每个舰载机的起始战位和终止战位及方向信息；

③ 每个任务的开始时间。

首先采用基于标准运动模式的甲板舰载机战位间移动路径规划算法，生

成每两个战位间的若干条移动路径，形成移动路径库。接着从移动路径库中为当前移动任务中的每个舰载机挑选路径。然后调用碰撞检测算法，找到移动过程中路径之间可能发生碰撞的区域，简称为碰撞区域（见图 5-5）。根据图 5-5 可以得到 k 个碰撞区域把路径划分为 $2(k+1)$ 段。最后根据运动协调模型将问题转换为混合整数非线性规划约束集。

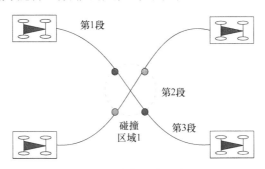

图 5-5　碰撞区域示意图

基于上述方法，本实验选取不同路径数，然后计算出不同的碰撞区域数，来比较它们之间碰撞检测时间和运动协调时间，实验结果见表 5-1。

表 5-1　运动协调实验结果

路径数量	碰撞区域个数	碰撞检测时间（s）	运动协调时间（s）
2	2	0.143	0.461
3	3	0.314	0.893
4	6	0.638	3.983
5	8	1.023	5.833
6	22	1.584	17.144
7	43	1.994	49.313
8	47	2.208	63.788
9	42	1.027	45.579
10	54	1.989	93.100
11	65	1.557	128.792
12	89	1.878	470.581

由表 5-1 可以看出，运动协调的时间随着路径数量的增加而增加，但对运动协调效率影响最大的是碰撞区域的个数。例如，（路径数量为 8、碰撞区域个数为 47）的协调时间相对于（路径数量为 9、碰撞段数为 42）的协调时间多 18s。当碰撞区域的个数达到 89 时，运动协调需要耗费大约 8min。

5.4 基于数据的模型置信度评估技术

舰载机路径规划与舰载机运动协调问题是将航空保障业务中的实际问题通过建模抽象成一种优化问题进行求解。鉴于实际问题的复杂性和求解问题的针对性，在问题的抽象建模过程中不可避免地会对实际业务问题进行必要的约减和假定，因此在完成上述问题求解后，又难免会面对优化结果在实际业务中如何落地的问题。问题优化结果能够有效地指导和应用于实际业务工作，是进行业务建模优化研究的初衷，如果不能最终落地，对问题的提出、建模、优化和求解显然就没有任何意义了。因此，为衡量模型的真实性与可信性，需要对构建的模型进行置信度评估。

精确算法指可求出最优解的算法。到目前为止，已提出的精确算法种类较多，有分支定界法、割平面法、整数规划算法和动态规划算法等。启发式策略是一类在求解某个具体问题时，在可以接受的时间和空间内能给出其可行解，但又不保证求得最优解（以及可行解与最优解的偏离）策略的总称。许多启发式算法是相当特殊的，依赖于某个特定问题。启发式策略在一个寻求最优解的过程中能够根据个体或全局的经验来改变其搜索路径，当寻求问题的最优解变得不可能或者很难完成时，启发式策略就是一个高效的获得可行解的办法。

从置信度的角度来看，精确算法求解的置信度大于或等于启发式（元启发式方法），精确算法大部分都是全局最优算法，如 CPLEX 内核是采用单纯形法和分支定界法。启发式算法一般无法保证全局最优性。但在工程应用领域一味追求置信度是没有意义的，需要权衡计算时间和优化程度的关系及问题的特点，所以如果一些问题能够取得全局最优解，如一些网络流问题等，那一般使用求解器求解的效果比较好。如果问题比较复杂，如无法保证多项式复杂度，启发式算法则可以求得一个比较好的解。

5.4.1 模型置信度评估统一流程

现有复杂仿真系统置信度评估多是在定性和定量分析的基础上，采用多种分析方法进行评估。仿真系统置信度评估的关键是需要构建一套有效的评估指标体系，该指标体系能系统全面地反映所要评价系统的多维要求，尽可能地做到科学、合理且符合实际情况。通过分析现有置信度评估方法可以看

出，仿真置信度评估难点在于：一是大多数评估过程的指标只能进行定性分析，这就不可避免地导致评估结果的主观性；二是没有有效的指标体系，仿真置信度评估与每一个评估步骤都有关，如何综合分析每个置信度步骤的结果，从而得到整个系统的置信度也是实现的难点。

为实现航空指挥与保障仿真系统中关键模型的可信性及真实逼近度，借鉴现有仿真系统或模型验证方法，结合项目关于关键模型置信度指标验证的实际需求，关键流程模型置信度评估方法如图 5-6 所示。首先针对仿真系统中关键模型的全生命周期特征进行提取分析，并利用层次化方法构建合理有效的流程模型置信度评价体系，然后根据各评价指标的不同特点，对其进行分类，主要包括定性指标和定量指标，进而针对不同类型指标选用不同的评估方法进行指标的置信度评估，如定性指标主要通过专家的主观经验判断法来确定其置信度值或区间（常用方法如审核法、外观验证法等），而对定量指标将通过严格的数学分析方法进行比较判断（如模糊相似度法、置信区间

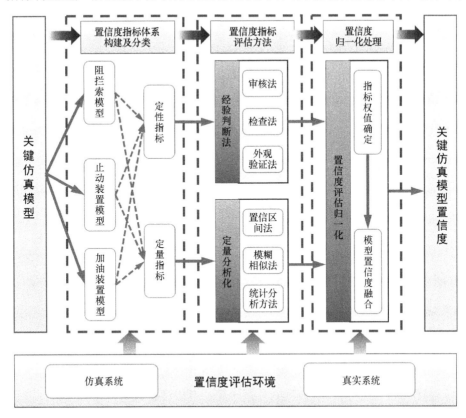

图 5-6　关键流程模型置信度评估方法

法等），并给出指标的置信度；接下来便根据实际需求来确定模型中各置信指标的权值，通过该权值的设定，能够反映出该指标在模型置信度评价时所占的比重；最后针对上述指标置信度及其权重，采用相关算法进行归一化处理，计算出模型的置信度。

5.4.2　典型模型置信度评估方法

通过对航空指挥和保障各类流程模型的梳理分析，可以分为三类：流程类模型、资源类模型及作业效率类模型，以上述模型评估方法为指导，根据不同类型模型特点，采用不同的模型置信度评估策略。

1．流程类模型置信度评估方法

在航空指挥和保障仿真系统中，流程模型是指根据真实仿真系统需求和真实世界对象运行步骤所建立的静态业务流程描述，是组织真实世界各个对象严格按照规则协作运行的依据，同时也是整个系统各仿真模块运行的预先想定。它具有逻辑顺序强、无动态运行数据、事件由模块表达、事件具有一定的执行概率和固定时间约束的特征。在流程模型中，支撑可信度评估的直观定量化数据和定性评估数据均较少，且无流程模型管理、人员素质及输入等相关因素。本节根据流程模型的特征给出了针对航空指挥和保障系统作业流程模型可信度评估基本步骤，如图 5-7 所示。

由于作业流程不涉及数据输入、数值结果输出及支撑数据分析，因此我们只需提取模型校核、定性分析和定量评估三步完成作业流程模型的可信度关联指标计算，在此基础上通过综合可信度权重设定，即可得到该模型的综合可信度评估结果。

（1）模型正确性校核

针对流程模型正确性校核，我们分步提取模型的特征描述、逻辑模块（不同节点）信息和控制流，并通过模型检测的方式对其进行逻辑正确性校核。虽然多数作业流程模型都没有涉及动态数据流，但从全面性考虑，在模型校核过程中，我们仍然读取各活动与事件节点的输入/输出数据流，并对数据匹配度进行校验。若任一环节出现错误或不合理的设计，则返回校核失败结果，并交由建模人员对模型进行修正。

（2）可信度量化评估

定量评估是模型可信度评估的核心环节。在针对航空指挥和保障系统流

程模型定量评估中，由于可利用数据较少，因此这里主要考虑活动节点执行时间、活动状态、战位信息等内联因素，并结合模型参数设定合理性及其历史仿真关联样本拟定量化评定特征，并将特征映射到 NASA 评估标准的 8 大因素层，通过定量计算规则的设定和 8 大因素的权值分配，实现模型可信度的自动量化计算。

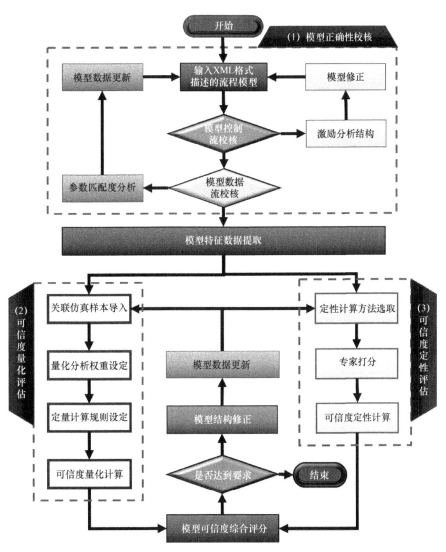

图 5-7　航空指挥和保障系统作业流程模型可信度评估基本步骤

（3）可信度定性评估

模型定性验证是通过专家评估实现的，也就是需要专家根据节点内联特

征，依据经验对 NASA 标准中拟定的模型 8 大因素进行打分，并分析计算各项因素重要度、分值与权重。现有大多定性评估均基于层次分析展开，因此本项目选取几种典型评估方法，实现在同条件和同专家打分情况下不同方法计算结果的客观对比。

最终，将当前模型可信度自动量化计算分值与第三步中所敲定的定性评估分值以权重相加，即可得出最终可信度评估结果。若该结果未达到预期要求，则需仿真建模人员对模型结构进行修正，迭代更新模型设计数据，等待进入下一轮综合验证。

2．资源类模型置信度评估方法

加油站是典型的资源配置模型，需要重点关注的是加油时间和加油压力这两个子模型，同时，需综合考虑不同环境、不同对象等多种情形下的加油过程。而本节中的加油站资源配置模型主要为加油站配置、加油过程设计等服务。因此，对加油站资源配置模型的可信度评估，重点关注多种情况下的加油时间和加油压力模型的可信度。

根据加油站资源配置模型的特点及评估总体思路，建立加油站资源配置模型可信度评估指标体系如图 5-8 所示。首先，将加油站资源配置模型分解为加油时间和压力两个子模型，然后分别针对不同环境条件、不同对象等多种情形进行评估。

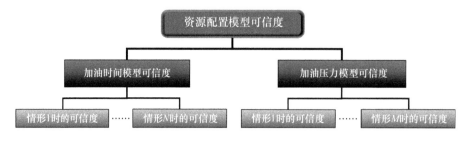

图 5-8　资源配置模型可信度评估指标体系

在评估方法方面，对加油压力这一动态输出，采用 TIC 方法和灰色关联方法进行评估；对加油时间这一静态输出，采用假设检验方法进行评估。而对上层指标采用加权综合的评估方法。

3．作业效率类模型置信度评估方法

作业效率类指标一般都是对系统顶层指标的描述，如着舰引导系统，只

单纯构建引导雷达、菲涅尔灯光的精度和作用距离是不够的，必须描述整个系统的全流程。这类作业效率模型置信度评估主要基于现有半实物着舰引导仿真环境开展其置信度的综合评估工作，并从以下两个方面进行验证：一方面从单机着舰引导作业效率角度进行评估，在仿真环境下分析在不同气象条件下舰载机从放下起落架开始，直到入库并可以开展下一架舰载机着舰终止，进而与典型模式下单机回收作业时间进行比较分析，给出单架舰载机着舰引导作业效率置信度；另一方面从多机引导作业效率方面，在仿真环境下，考虑在不同气象条件下、不同复飞概率情况下的整体引导作业时间，进而与公开发表的国外相关引导作业数据进行比较分析，给出模型置信度。

5.5 本章小结

复杂工程系统的优化设计几乎涵盖了军事作战、建筑设计、科学计算、物流运输、战略规划等方面的各类问题，解决这些问题的有效方法首先是挖掘复杂工程系统运行规律，尤其是隐含的规律机制，并进行规则约束的显性化描述，进而运用规则建立系统模型对实际系统进行抽象描述和试验论证。用于反映复杂工程系统的模型有很多，一般采用逻辑模型、数学模型、物理模型、混合模型对实际问题进行全面描述。在优化设计领域应用最多的是启发式模型和数学模型，无论是军事应用还是产业发展，启发式模型和数学模型在迭代优化和精确求解方面解决了复杂工程系统中面向应用的实际问题。因此针对模型驱动的复杂工程系统优化方法研究在这样的实际背景下具有重要意义。本章介绍了最优化问题及基本方法，复杂工程系统优化是在复杂工程的实际背景下，通过抽象描述问题，抓住问题特点，采用优化手段对影响其关键结论的目标进行优化求解。本章还介绍了启发式模型和数学建模在工程领域的实际应用，从问题出发详细描述了建模过程和求解方案。

（1）启发式模型建立

启发式模型在解决复杂问题时具备性能快速、优化程度高的特点，并且粒子群优化模型在解决多并行作业、复杂资源限制条件下的问题时有着较大优势。本章通过对民航机场航空指挥和保障领域问题的抽象，采用离散粒子群模型对停机位置分配进行了编码求解。

（2）数学模型建立

混合整数规划模型是在各类约束条件下，最小化或最大化目标函数的

一类规划方法。在实际问题中，考虑航空母舰甲板的空间限制，采用多种建模方法解决舰载机路径规划与协调问题，建立了基于碰撞点的目标避碰协调机制。

　　从上述模型支持下的复杂工程系统仿真评估实践中可知，模型是建立在实际问题的基础上的，对待不同问题需要采取通用化与个性化结合的建模方法，并充分考虑关键模型置信度的评估验证，基于高置信度模型支持下的优化设计方法可以强化对复杂工程系统问题描述的准确性，能够在有限时间内得到复杂工程系统多目标设计问题的较优解和均衡解，从而解决复杂工程系统中的次优性问题。

第6章

数据驱动的复杂工程系统流程设计方法

　　流程是事务进行中的次序或顺序的布置和安排，通过两个及以上的业务步骤完成一个完整的业务行为的过程。复杂系统的能力是其成员系统综合作用的结果，而这个作用的过程就是流程。设计航空母舰相当于设计一座中等城市，航空指挥和保障系统相当于城市的交通管理系统，需要充分考虑交通网络中的各类资源特点，包括汽车、行人、自行车等，在统一的交通规则的约束下，合理规划公路网、地铁网、人行道、红绿灯等保障资源，并制定交通规则，从而使得各类交通资源在同一个时间、空间内进行高效有序的协同运转。这并不是依靠一个有"上帝之眼"的交通指挥员来指挥才能保障城市居民高效、便捷的日常出行的，那是什么使得没有中央指挥的城市得以协调运行的呢？

　　在航空母舰航空指挥和保障系统中，指挥人员、作业人员和装备按照设计的步骤一个环节一个环节地操作舰载机调运、油水汽电保障、弹药保障、入起飞位、起飞、执行任务、着舰、再次出动准备等，最终完成航空母舰的出动架次率，这里也没有一个指挥官可以直接指挥协调整个大系统的上千台套设备和几百号人。无论是城市还是"海上的城市——航空母舰"的有序运作，都像有一条条看不见的线（流程）把一个个简单的规则组合起来，使得城市和航空母舰得以高效运行。

　　像航空母舰这样复杂工程系统的设计问题，往往难以对目标函数的约束条件进行准确解析表示，用传统降维解析方法进行优化设计往往比较困难，在许多情况下甚至无法实现，而计算机仿真方法为解决这类问题实现映射升

维提供了一条有效途径。用计算机仿真方法进行复杂工程系统设计的基本过程：在建立复杂系统仿真模型的基础上，通过构建作业流程和作业规则，按照时序，通过仿真运行得到复杂系统性能与系统参数间的关系（秩序），再根据所获得的这些关系（秩序），找出使综合性能最佳的系统参数和作业流程，从而实现复杂系统的优化设计。

本章以复杂工程系统的涌现性与自组织性为研究重点，抓住系统的流程和规则这两个核心，以航空指挥和保障作业效能（架次率）为目标，以流程为纽带，利用分布式仿真、VR、AR 等技术，构建涵盖"人–机–环"等多要素的 LVC 综合仿真环境，在传统离散事件仿真基础上，开展内外场试验数据驱动的航空指挥和保障全流程仿真推演，发现并优化复杂工程系统的流程和秩序，以及系统运行过程中涌现出的隐性行为和秩序，推动航空指挥和保障系统降维解析设计方法向映射升维设计方法的转变。该方法以效能为目标，以流程为纽带，以仿真为手段，在解决了复杂工程系统系统性的同时，还为系统整体涌现性的成因研究提供了借鉴。复杂工程系统流程也体现了系统内部的自组织性规律，即系统的自组织性最终通过流程来展现，同时，复杂工程系统的自组织性也促使了系统有机性的涌现。我们将此方法称作数据驱动的复杂工程系统流程设计方法（Data-Driven Process-Connected Systems Design），又因为无论是涌现性还是自组织性，都是通过流程将复杂工程系统内部各成员部分连接起来而实现的，因此该方法又称作流程连接方法（Process-connect），简称"P"。

6.1　复杂系统建模仿真方法概述

根据系统模型特点对仿真进行分类，可以将仿真分为两类[30]：连续系统仿真和离散事件系统仿真。实际的工程系统，尤其是复杂工程系统事件的运行一般都是离散的，离散事件系统仿真是指系统状态在某些离散的随机时间点上发生离散变化，它区别于连续系统仿真的一点就是状态变化的时间点是离散的。引起状态变化的行为就称为"事件"，由于事件往往发生在随机的时间点上，故也称为随机事件，所以，离散事件系统仿真一般具有随机性。如典型的排队系统，顾客的状态可分为排队和被服务，服务台的状态可分为忙和闲，当有顾客被服务时，服务台的状态为忙，否则为闲；每当服务结束和有顾客到达这些事件发生时，服务台的状态都会发生改变。对于这种动态

的特性，很难用数学方程式来描述，而只能使用流程图或状态活动图来描述。这样，由于无法得到系统动态过程的解析表达，故只能对系统行为的性能进行统计和分析，这也是离散事件系统仿真的一个特点。

笔者认为，复杂工程系统的协同不是靠一个有"上帝之眼"的决策者，而是基于规则下的多智能体（Agent）之间的适应和协作。多智能体建模与仿真（Agent-Based Modeling and Simulation，ABMS）起源于人工智能（Artificial Intelligence，AI）中的分布式人工智能（Distributed AI）。尽管智能体在很多领域（如计算机科学和人工智能）都有研究，但到目前为止没有让各领域都接受的确切定义。本节的智能体是自治的个体，能够根据所得到的信息进行推理，能够和其他个体通信、互相协调、相互协作，从而完成某一特定的任务。在这个过程中，根据自己不同的角色和功能，每一个智能体都可以有自己的目标。

一般来说多智能体仿真研究两个层面的问题：一个是宏观层面的问题，包括智能体之间的通信、协调、协作以及任务的分解和分配等多方面的机制、协议和策略的研究；另一个是微观层面的问题，包括智能体自身的动力学、推理和行动等方面的研究。

传统系统仿真方法中的建模[30]，其侧重点是采用演绎推理方法建立系统模型，然后进行实验和分析，这显然具有工程技术的特点。而在复杂系统的建模中，其侧重点是解决如何采用归纳推理方法建立系统的形式化模型，即系统的抽象表示以获得对客观世界和自然现象的深刻认识，这是面向科学的。国内外的研究表明，已有的基于还原论的传统建模方式并不能很好地描述复杂系统，而采用 ABMS 方法，通过对复杂系统中的基本元素及其之间交互关系的建模，可以将复杂系统的微观行为和宏观"涌现"现象有机地联系起来，这是一种本体论方法，更是一种系统论方法。本体论方法不排斥分析，分析的目的不是把元素孤立起来，而是充分暴露元素之间的关联与相互作用，从而达到从整体上把握系统的目的，是一种自顶向下分析、自底向上综合的有效建模方式。

目前，ABMS 方法学是最具有活力、有所突破的仿真方法学。Agent 的理论与技术为复杂系统的建模与仿真实现提供了一条崭新的途径。复杂系统由大量相互交互的个体组成，个体之间的交互和个体的行为是系统复杂的原因。ABMS 是研究大量个体或 Agent 之间的交互及它们的交互所展现的宏观尺度行为的一种方法，该方法将复杂系统中各个仿真实体用 Agent 的方式/

思想自底向上对整个系统进行建模，试图通过对 Agent 的行为及其之间的交互关系、社会性进行描述，来描述复杂系统的行为。这种建模仿真技术，在建模的灵活性、层次性和直观性方面较传统的建模技术都有明显的优势，很适合对如生态系统、经济系统及人类组织等复杂系统的建模与仿真。通过从个体到整体、从微观到宏观来研究复杂系统的复杂性，从而克服了复杂系统难于自上而下建立传统数学分析模型的困难，有利于研究复杂系统具有的涌现性、非线性和复杂的关联性等特点，并有助于发现由于个体的相互关联、作用才涌现出的复杂系统的隐性关系。Agent 的思想在各个领域研究应用得非常广泛，以致 Agent 已经从一种具体的技术方案中超脱而出，成为一种思维方式，成为一种用于复杂系统建模与仿真的方法论。

军事领域是 ABMS 应用的一个新领域。军事对抗、陆战系统是一个复杂适应系统，具有复杂适应系统的主要特征，这一点得到研究人员的共识，因而可用 ABMS 来研究军事对抗等战场行为。现有的研究成果表明 ABMS 具有强大的生命力，比当前的基于兰彻斯特方程的作战模型更有效，它为人们提供了很好的模拟战场的手段。美国国防部（United States Department of Defense，DoD）希望在未来的战场中能够具有对信息实时全方位获取的能力，为使 C^4SIR 真正有用，必须采用先进的实时分布建模与仿真工具，而复杂性科学可以帮助 C^4SIR 的开发。作为复杂性科学方法论的 ABMS 方法，自然成了 DoD 的先进建模与仿真方法论。美国海军作战开发司令部开发的 ISAAC（Irreducible Semi-Autonomous Adaptive Combat）是基于 Agent 模型开发的，通过对战争的模拟，可以回答诸如"陆战系统在多大程度上具有自组织 CAS（适应性造就复杂性）的特征"等问题。该软件设计的初衷并不是构造一个系统级的战场模型，而是作为一个仿真工具包来探索从不同的低级（如从个体战士到一个班）交互规则到高级的涌现行为。ISAAC 的长期目标是其后续产品能成为复杂系统理论分析家的工具包，通过它来探索战场的涌现聚集行为。ISAAC 中的 Agent 具有规则、任务、态势感知和自适应性四个特性，通过简单规则的交互，ISAAC 系统展现出如向前推进、前线攻击、当地聚集成群、渗透、撤退、攻击姿态、围堵与牵制、包抄机动和游击式攻击等作战概念。

6.2　航空指挥和保障作业流程仿真需求

航空指挥和保障作业流程作为规范、组织和指导舰载机飞行和保障工作

的基本程序和方法[31]，是一类典型的多实例参与的复杂作业流程，其复杂性主要体现在流程粒度不同、活动数量多（上千个）、交互关系复杂（上千个作业事件）和调度关系复杂（多架舰载机、多战位、多装备均需进行实例调度）。而如何构建支持高效、动态且通用性高的多机并行作业流程模型是实现航空指挥和保障系统仿真设计的基础与关键。由于当前流程的主线设计更多侧重单机作业全流程梳理，多机并行协同流程设计还不够，且流程多侧重静态流程，动态数据驱动的流程设计方面也存在不足，未涵盖也无法满足航空指挥保障系统设计和仿真需求。

航空指挥和保障作业流程是一类典型的复杂作业流程，与现有车间作业流程相比，流程建模及仿真的典型特征主要如下。

① 对不同粒度作业流程及其动态行为属性描述。为实现对上述复杂系统全方位建模仿真，首先需要解决的便是如何实现对复杂业务流程清晰、系统的描述。由于航空指挥与保障系统中涉及因素多、作业活动多、流程结构复杂，因此需要采用层次化的思想进行建模，并通过对不同粒度作业流程的描述，实现作业流程的动态拆解与组合，来降低流程间的耦合性，实现业务流程重用，进而满足动态环境下流程重构和按需使用的需求。此外，指挥和保障系统作为典型的复杂系统，在流程执行过程中，任何一个因素或子系统的变化，均会引起整个系统流程的变化，因此构建该作业流程模型时，需充分考虑对系统中各类动态特征属性的描述、实时交互行为描述，以及动态特征属性变化后所带来相关属性信息的改变。

② 对业务执行过程中推理规则及成员间复杂关联关系的描述。航空指挥与保障系统作为一个典型复杂系统，其内部各组成要素之间存在着复杂的关联关系，并且这种关联关系依赖一定的规则和约束，如各种前置条件、后置条件的限定规则以及状态变化规则等。因此，在航空指挥和保障系统流程建模过程中，还需要考虑各种规则及算法的描述，即规则库及算法库的构建，进而能够为动态环境下的实时推理提供基础。

③ 对多粒度仿真模型的协同共享支持。航空指挥和保障仿真系统作为一个大型装备仿真环境，其运行需要大量的模型去支撑，包括三维模型、流程模型、调度模型等。这些模型往往类型各异、建模手段多样，建立的对象模型粒度也不尽相同，导致模型的可重用性及可扩展性不强，不利于系统各项预期目标的达成。因此需要建立一个模型体系去规范模型种类，并对模型进行标准化描述，进而提高模型的可重用性和可扩展性，完成预期的设计目标。

④ 对异构仿真平台的互联互通支持。目前采用单一技术平台已经无法满足复杂仿真系统通用性强、交互性好的仿真需求，如何利用现有异构仿真平台快速构建出满足应用需求的动态数据驱动的航空指挥和保障仿真系统，是迫切需要解决的问题。从联邦对象模型、仿真对象模型、仿真通信、系统互联和互操作性角度考虑，需采用分布交互式仿真技术，将各种异构平台进行互联互通，如视景仿真平台、数字人仿真平台及相关游戏引擎平台等。

6.3　基于 LVC 的异构仿真系统集成框架

综合航空指挥和保障系统不同仿真需求，构建基于 LVC（Live Simulation，实况；Virtual，虚拟；Construction，构造）的综合仿真系统，首先需要解决现有不同类型系统平台的集成与互操作问题，如基于高层体系结构（High Level Architecture，HLA）的仿真系统、基于数据分发服务（Data Distribution Service，DDS）的实装系统与半实物仿真系统，使上述异构平台在互联互通基础上，进一步实现各类模型的重用与可组合，为最终解决随着装备规模越来越大，仿真系统规模越来越大、越来越不灵活的问题，提供体系框架与集成技术支撑。这里基于现有的分布式仿真技术以及异构仿真平台集成方法，并从航空指挥和保障系统组成、人员、实装软硬件设备、虚拟作业环境、虚拟样机、数据交互等多个方面研究以航空指挥和保障系统为例的复杂工程系统虚拟集成技术，提出一种面向异构平台的复杂系统综合仿真系统集成方法[32]，航空指挥和保障 LVC 仿真集成框架如图 6-1 所示。

（1）资源层

资源层提供航空指挥和保障仿真系统使用的各类资源，包括模拟器、实装设备、环境与三维实体模型等。模拟器包括保障设备、数字人等数字模拟器，以及飞机座舱等半实物模拟器。实装设备包括航空电源设备、喷气燃料设备、指挥管理系统等航空指挥和保障关键实装。环境模型包括水文气象及导航模型、作业环境模型等。三维实体模型包括各型舰船三维实体模型、各种飞机三维实体模型、保障资源三维实体模型等。

（2）中间件层

中间件层支撑异构仿真模型和工具的协同交互。航空指挥和保障仿真系统涉及多种异构模型和工具：一方面指协议异构，如基于 HLA 的仿真系统、基于 UDP 和 DDS 的实装系统；另一方面主要指不同类型、不同版本、不同

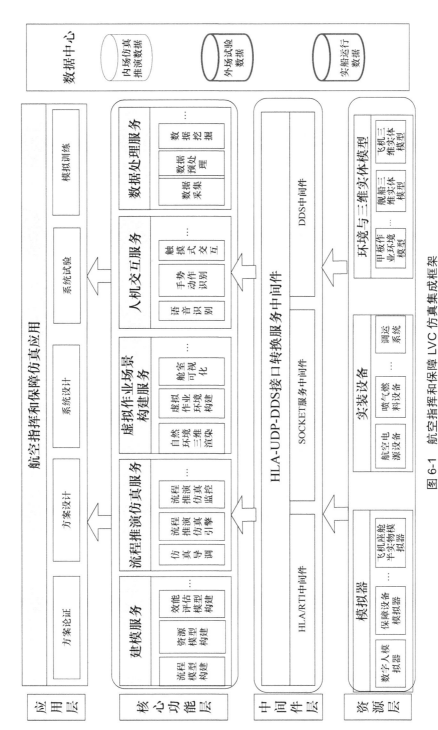

图 6-1 航空指挥和保障 LVC 仿真集成框架

商家或不同技术的运行平台，如 Vega Prime 虚拟现实仿真、Di-GUY 数字人仿真等。本集成架构先采用 HLA/RTI 中间件、SOCKET 服务中间件、DDS 中间件分别实现各子系统的互联互通；在此基础上，通过 HLA-UDP-DDS 接口转换服务中间件实现异构协议系统的数据传输及互操作问题，主要通过接口适配的方式，建立数据映射模板来实现异构协议的数据交换。将仿真平台的实现技术与具体的应用系统相隔离，使得不同的仿真系统能够运行于多种异构的仿真平台上。

（3）核心功能层

该部分是异构仿真平台集成框架的核心，主要提供建模服务、流程推演仿真服务、高沉浸感虚拟作业场景构建服务、基于 VR/AR 的多感官人机交互服务、数据处理服务和关键模型置信度评估服务。

（4）应用层

基于此仿真系统集成框架，可以结合不同的用户需求，构建相应的仿真应用系统，如类似于航空指挥和保障这种复杂工程系统的论证、设计、流程推演、系统试验及模拟训练等仿真应用系统。

（5）数据中心

数据中心运维的数据主要包括内场仿真推演数据、外场试验数据和实船运行数据，根据数据类型的不同按照一定的格式进行分类存储管理，为后续开展数据挖掘分析服务、模型置信度评估服务提供支撑。航空指挥和保障数据中心在平台的整体构建中起着十分重要的数据支撑和服务作用。根据航空指挥和保障系统设计及仿真等使用需求，航空指挥和保障数据中心的使命为建立运行稳定、执行效率高的数据存储处理和服务中心，以支撑复杂工程系统的设计仿真工作。

与传统仿真系统构建平台相比，该异构仿真系统集成方法面向航空指挥和保障应用示范，提供了一个通用的仿真系统集成框架，支持针对具体应用需求实现模块化、组件化的仿真模型快速重用和组合，能够实现仿真系统的灵活定制和动态构建，进而实现对普适性复杂工程系统的快速反应。

6.4　航空指挥和保障作业流程服务化建模方法

6.4.1　航空指挥和保障作业流程元模型

针对航空指挥和保障系统作业流程的复杂性，LVC 仿真系统进行多层

次、全方位的建模，系统分析航空指挥和保障作业流程的特点及综合仿真需求，给出支持多机并行设计的复杂作业流程元模型[33]（见图 6-2），该模型明确了仿真系统中所涉及各类元素的角色，如战位、装备、环境、资源、作业活动等，以及模型元素间的制约与依赖关系，从而为后续复杂作业流程设计提供了元数据支持。

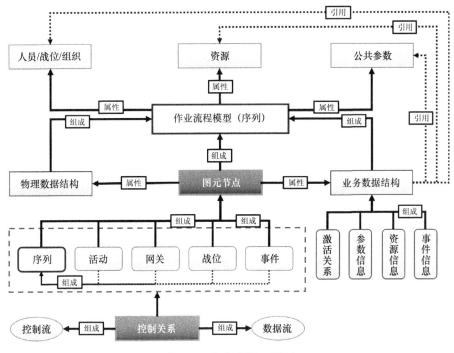

图 6-2　作业流程元模型

作业序列是作业流程调度的基本单元，并以活动为构成要素，描述了航空指挥和保障业务领域中一个由多个作业活动、人员、装备参与的基本业务流程。作业序列按封装粒度不同又可分为原子序列、组合序列。其中原子序列指序列内部只有活动节点及相关逻辑节点（包括网关、战位、事件），该序列不可再分，为调度的最小单元，如图 6-3 中的"序列 1"。原子序列主要通过对现有流程进行抽象，并提取能够独立调用或与外界数据传递关系、激励关系少的流程进行封装，封装后的原子序列可供其他序列或流程进行调用。组合序列则是相对原子序列定义的，主要指序列内部又包含了序列（可能为原子序列或组合序列），存在序列的嵌套，从而能够满足更复杂的任务需求，进而提高流程调用的动态性及灵活性。

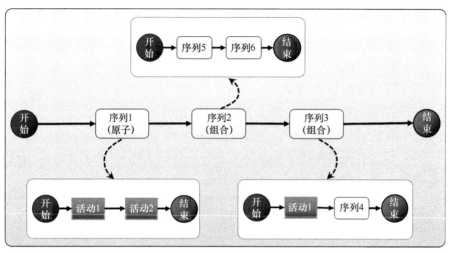

图 6-3　组合序列封装

（1）作业序列

序列节点信息包括序列属性、序列激活条件、序列公共信息及序列内节点（如活动节点、逻辑节点、战位节点、事件节点）等信息。其中序列属性主要描述序列的基础信息，包括序列名称、编码、类型、创建时间等；序列激活条件主要是针对该序列在被其他序列调用时，该序列执行的前置约束条件；序列公共信息作为序列封装的核心，主要描述该序列作为封装整体对外提供的参数接口与事件接口，主要包括序列参数、序列事件、人员参数，在序列创建过程中，公共信息相关参数能够被序列内部的活动节点等动态引用，从而保持了数据的一致性。

- **序列参数**：主要指支持该序列内部活动执行的全局参数，主要包括资源参数及运行参数。资源参数主要指该序列执行过程中所涉及的各类设备资源，如牵引车、升降机、偏流板等设备。运行参数则指除资源参数以外的序列执行所需的公共参数。
- **序列事件**：又可分为输入事件、输出事件。其中输入事件主要指该序列内部活动的执行过程中所需要的外来激活事件。输出事件主要指由该序列内部活动、逻辑节点产生，并触发序列外其他活动或序列执行的事件。
- **人员参数**：主要指该序列执行中所涉及的人员，主要包括人员所属战位、人员编码等信息。

（2）作业活动

作业活动作为序列流程执行的基本单元，也是流程推演过程中的核心要素，是某战位、某人员在特定时刻利用某装备开展的一项基本业务活动，该活动在流程仿真推演执行中不可再分。作业活动节点主要信息包括基本属性、输入参数、输出参数、激活条件及结束条件。

（3）网关

网关节点主要是控制作业流程（序列）内部控制结构关系的逻辑节点，主要包括 5 类：与分支节点、或分支节点、与连接节点、或连接节点、判断节点。网关节点的主要信息包括节点类型、名称、激活条件等。

（4）事件

事件节点又可分为开始事件、结束事件和中间事件。其中开始事件、结束事件作为序列开始与结束的标识，没有激活条件项。中间事件主要指因外部因素触发序列内部节点开始或结束的事件，当某序列内部一个活动开始或结束需要序列外的某活动触发时，由于层次封装的关系，此时无法添加连接关系，便需要通过事件节点（对应序列事件中的输入事件）进行引用。

（5）战位

战位节点主要是对流程内部活动参与人员角色的定义，类似于 UML 活动图中泳道的概念，将战位作为活动的容器，从而便可以对流程内部的活动进行组织和分类。战位的主要信息包括战位名称、战位编码等。

6.4.2 流程建模方法及相关规则

由于业务流程建模符号（The Business Process Management Initiative，BPMN）[34]是目前最流行的业务流程可视化描述语言，BPMN 规范提供的流程描述符号已被广泛认可，其提供图形建模符号亦能够被业务分析员理解。但 BPMN 规范没有定义业务流程图的存储结构及流程执行语义，因此 BPMN 模型不能直接用于计算机交换、仿真、执行。虽然 BPMN 规范支持将 BPMN 模型转换为业务流程执行语言（Business Process Execution Language，BPEL）模型用于计算机执行，但 BPEL 模型的结构/半结构化描述方式对于非结构化业务流程图来讲，有时很难实现转换，对业务分析员绘制业务流程图有太多限制，并且这种转换是单向的，转换后得到的 BPEL 模型，业务分析员难以理解[35]。

因此，结合多机串、并行交织的复杂作业流程建模需求，本仿真采用

BPMN 为流程模型的可视化描述规范，借鉴现有流程形式化描述及执行方法，研究支持多机并行任务需求的复杂作业流程建模方法，主要包括基于 BPMN 规范的流程建模图元及数据结构设计、面向服务的流程形式化描述及验证机制，并以上述理论方法为基础研发支持航空指挥和保障系统及指挥作业流程设计的图形化建模工具，来实现复杂作业流程及相关要素的全面描述。

1．建模图元

流程建模图元的构造选取过程中，在满足复杂业务流程的可视化建模需求的同时，各图元还能够被清晰地表示及区分，并能够支持不同的语义，最终实现多机作业流程的系统描述及全面反映，因此这里借鉴 BPMN 建模规范，结合多机作业流程建模需求，给出了基于 BPMN 的作业流程建模图元（见表 6-1）。

表 6-1　基于 BPMN 的作业流程建模图元

类型	编码	图元名称	图元表示
事件节点	ES	开始事件	开始
	EC	中间事件	中间
	EE	结束事件	结束
活动节点	AA	原子活动	活动1
	AC	组合活动（序列）	子序列 活动→活动→活动
网关节点	GS/GP	与连接/或连接	◇ ✛
	GF/GH	与分支/或分支	◇ ✛
	GZ	判断	◇
连接线	CC	控制流	条件→
	CD	数据流（对象流）	数据 --▷
分割线	SR	泳道	泳道

2．建模主要规则

根据航空指挥和保障作业流程元模型，并结合上述图元及其数据结构，对序列流程图形化建模过程中所遵循的建模规则主要梳理如下。

（1）参数引用规则

在序列公共参数引用方面，在进行序列构建时首先设置该序列作为整体对外的各类接口信息，主要包括资源配置、人员配置、运行参数配置（又分为输入参数、输出参数）、输入事件配置及输出事件配置。上述配置好的数据则能够被该序列内部引用，如内部活动的输入参数、资源参数及人员信息可引用序列上层配置的数据信息。同时该序列作为封装的个体对外提供时，相关参数又可向更高一层或同层进行映射。

在活动输入/输出参数引用方面，活动参数配置主要包括活动基本信息、激活条件、结束条件、输入参数与输出参数。如图 6-4 所示，激活条件在图形化建模时，将根据活动间的连接线关系，自动添加激活信息；而结束条件则需要手动进行配置。其中关于输入参数配置主要有四种来源，分别为用户自定义参数、从序列运行参数和资源参数中引用，以及从同一层次节点的输出参数中引用。

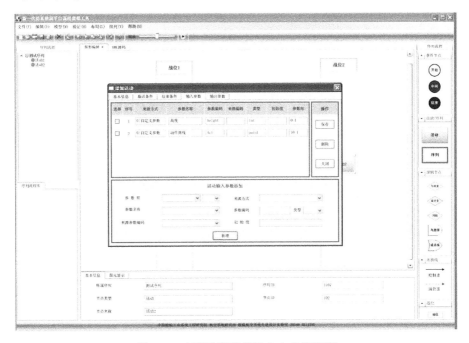

图 6-4　序列流程建模及节点参数配置

（2）事件配置规则

在序列公共参数输入事件的配置中，如果为模拟器事件，则需要对模拟器运行的相关参数进行配置，主要包括判断条件、参数来源方式、来源参数编码等。进而为流程推演过程中各类模拟器的运行提供数据支撑。

序列内部事件分为三类：开始、结束和中间事件。其中开始和结束事件不需要配置激活条件，默认序列开展，该节点具备执行条件。中间事件主要是配置外来事件（来自序列外部的激励），此时需要通过引用序列公共参数中的输入事件信息。结束事件的激活主要来自内部节点激活。

（3）网关激活配置

网关按激活类别可以分为两类：与或网关、判断网关。其中与或网关只需要配置激活条件（自动配置），判断网关则还需要配置判断输入及判断条件。判断输入主要指激活该节点的数据来源，来源方式可分为"上层参数引用"和"节点参数引用"；判断条件主要指每个判断分支的执行条件（与判断输入参数进行比较）。

6.4.3　作业流程服务化描述机制

活动节点作为序列流程封装的核心，也是流程调度执行过程中的基本单元，并以事件驱动活动的方式实现流程的动态调度。因此，如何实现对"活动"各类属性及"活动"之间各类关联关系的描述是流程形式化描述的核心。此外，通过各类活动节点、逻辑关系节点、事件节点等图元组成原子序列，并发布在流程序列库中。针对上述原子序列，还可根据需求进行更深层次的封装，即以"原子序列－活动"或"原子序列－序列"的方式封装更粗粒度的序列，进而满足更复杂的任务需求。

因此，围绕上述需求，采用面向服务（Service Oriented Architecture，SOA）技术实现上述图形化流程的形式化描述，并以可扩展标记语言（Extensible Markup Language，XML）形式进行实例存储。为满足流程面向设计人员及编译人员的不同应用需求，这里将图形结构的形式化描述分为流程业务数据描述及流程物理结构数据描述两部分。

（1）流程业务数据形式化描述

流程业务数据形式化描述主要针对上述图形化建模过程中，对应上述基于 BPMN 规范给出的图元节点的数据描述，主要节点包括活动节点、网关节点、事件节点和序列节点。

定义 1　活动（Activity）　主要是对某一活动各类属性信息的描述，表示如下：

$$\textbf{Activity}=（\text{BasInfo, IOPE}）$$

$$\text{BasInfo}=(\text{ID, Name, Resources, User, Type,}...);$$

$$\text{IOPE}=(\text{InputPara, OutputPara, StartCondition, EndCondition})$$

上述定义中，BasInfo 表示活动节点的基本属性信息，主要包括活动的编码、名称、资源配置、人员配置及类型等信息。IOPE 则是采用了面向服务技术（SOA）定义了活动的输入参数（InputPara）、输出参数（OutputPara）、开始激活条件（StartCondition）与结束激活条件（EndCondition）4 方面属性。

定义 2　网关节点（Gate）　主要是实现流程内部活动之间各种控制关系的表达，主要包括与连接、或连接、与分支、或分支、判断 5 类节点。如图 6-5 所示。上述节点的形式化表示如下：

$$\text{Gate}=(\text{GType, GName, GId, GSCondition})$$

$$\text{GSCondition}=(\text{ScType, OriginNodeID, OriginNodeOutEvent})$$

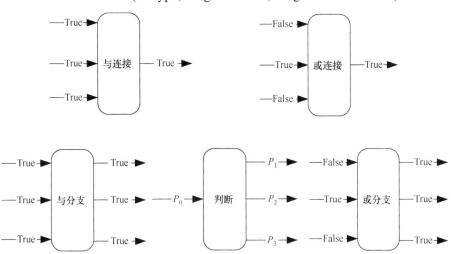

图 6-5　网关的 5 种控制结构

上述定义中，Gate 的属性主要包括网关类型、名称、编码和激活条件，其中激活条件 GSCondition 类似于 Activity 的开始激活条件 StartCondition。此外，对于判断网关，P_0 为输入参数，P_1、P_2、P_3 为各输出分支判断参数，如当 $P_1 = P_0$ 时，则流程选择 P_1 分支；同样地，若 $P_2 = P_0$，则选择 P_2 分支。

定义 3　事件节点（Event）　主要包括开始事件（StartEvent）、中间事件（MiddleEvent）和结束事件（EndEvent）。且满足以下条件：

① 一个序列只允许有 1 个开始事件节点，可以有多个结束事件节点，多个中间事件节点。

② 开始事件节点没有激活条件，序列开始默认为开始事件节点激活；中间事件节点与结束事件节点均有激活条件。

③ 序列流程在执行时，须以开始节点为流程起始状态，以结束事件节点为流程终止完毕状态，且须多个结束事件节点激活条件同时满足。

上述事件的表示如下：

$$Event=(EType, EName, EId, ESCondition)$$

其中，**EType** 为事件类型，**EName** 为事件名称，**EId** 为事件编码，**ESCondition** 为事件激活条件，类似于 Activity 的开始激活条件 StartCondition。

定义 4　序列（Flow）　根据某一具体业务所构建具有一定功能的作业流程，由上述各类节点按一定的规则组合而成，是作业流程封装和调度的基本单元。多元组表示如下：

$$Flow=(FBasInfo, FComInfo, FCondition,Nodes)$$

$$FBasInfo=(FID, FName. FType, FStatus, FCreatTim)$$

其中，**FBasInfo** 主要指序列的基本信息，包括序列编码（该编码是序列库中序列的唯一标识）、序列名称、序列所属业务类型、序列当前发布状态（包括新创建、编辑中、已发布等）；**FComInfo** 主要指序列的公共信息部分，是序列作为封装整体对外提供的参数接口与事件接口，主要包括序列参数（FlowPara）和序列事件（FlowEvent）两个部分；**FCondition** 指当序列为封装单元时，序列的激活条件，同样类似于 Activity 的开始激活条件 StartCondition 描述；**Nodes** 则是该序列内部各类节点的集合。

（2）流程物理结构数据形式化描述

流程物理结构数据形式化描述机制解决了面向流程业务人员的流程数据配置及逻辑关系维护等问题。此外，为实现流程的可视化编辑及后续动态仿真推演与导调使用，还需要对流程物理结构数据进行处理。这里根据图元节点类型，将物理结构数据分为两种：图元节点、连接线（包括控制连接线与数据连接线）。主要表示方法如定义 5 和定义 6。

定义 5　图元节点结构（DesignerItem）　主要为支撑图元显示的各类信息，形式化表示如下：

DesignerItem=(Nodenumber, Name, ItemType, Content, Position)

其中，Nodenumber 为图元节点编码，与节点业务数据中相关节点编码一致；Content 为图元形式数据信息，包括背景及边框颜色、字体大小等信息；Position 为节点在显示面板中的位置信息。

定义 6　连接线结构（Connection）　主要是连接序列内各节点，包括控制连接线、数据连接线，可表示如下：

Connection=(LineID, PreItem, NextItem, LineType, LineText)

其中，LineID 为连接线唯一编码；PreItem 为连接线的来源节点编码；NextItem 为连接线的目标节点编码；LineText 为连接线的文本。

6.5　内外场试验数据融合的复杂系统 LVC 仿真试验

6.5.1　内外场仿真试验数据融合分析

针对采集的航空指挥和保障系统运行所积累的内场仿真数据、外场试验数据及实船实飞数据，研究异构多源试验数据的分类、组织管理及预处理等技术，为后续开展高可信度的仿真推演提供数据支撑。

① 内外场试验数据管理模型的构建。基于对象的模型构建技术，首先对系统中相关的设备实体进行抽象，形成对象实体，利用多态、继承及封装等多种不同数据属性描述对象之间的联系，形成试验数据管理模型，通过这种方法进行数据校验规则的制定、数据储存框架的构建等。

② 异构试验数据结构化转换。目前采集到的数据来源多样，如人工记录、仿真输出、实装运行输出、试验采集数据等，且数据结构不一致，难以满足共享和融合分析的需求。首先进行试验数据的解析，包括起飞保障数据、指挥管理数据、海洋气象数据等，根据数据库中数据存储的方式对这些数据进行重新定义，之后进行数据的导入，最后完成数据的存储。通过这种一致性转换将来自不同试验过程的数据存储在统一的数据库中，有利于试验数据的比较和对照，实现试验数据结构化的处理，试验数据分析如图 6-6 所示。

③ 试验数据分析及可视化。通过数据库的方法进行试验数据的管理虽然能够实现数据管理的统一化和结构化，但这种方法却不利于数据进行对比分析，因此这里通过 NPlot 的方法对试验数据进行处理，将试验数据制成散

点图、饼图及柱状图等多种不同的形式实现试验数据的可视化，方便进行试验数据的比较和处理。

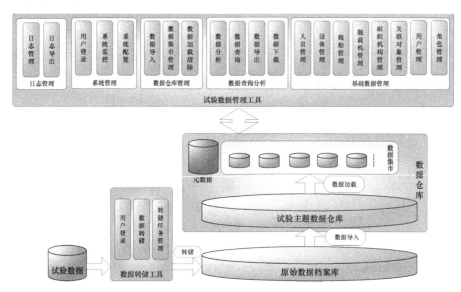

图 6-6　试验数据分析示意图

6.5.2　基于规则的多机并行作业流程编排

根据上述已发布的原子序列，结合航空指挥和保障任务的特点和编排需求，这里提出了一种基于规则的多机并行指挥作业流程编排和验证方法，如图 6-7 所示。首先从序列库中调用已构建的面向不同机型的流程序列集合，进而根据波次和飞行任务信息，基于一定的规则组合已有的原子序列实现多机流程编排。此外，还能够对调度过程中的飞机路径进行拟合设计，能够基于流程，依据规则进行资源及保障战位的冲突检测，进而大大降低了设计人员面向大规模多机流程编排的复杂性，提高了多机流程编排效率。

我们采用上述方法开发了多机作业流程编排工具，如图 6-8 所示，该工具在辅助人工对任务的编辑功能上，主要实现根据逻辑规则约束来确定任务的编排顺序，根据设备和保障部位约束确定任务的所需设备，并能够对已编制的波次进行复制，进一步提高设计人员的效率。重要的是，这种基于流程的仿真设计具有相关的数据校验、冲突检测等功能，可以提高所创建流程的合理性和正确性。

目前的编排规则主要是根据外军资料和相关指挥人员的实际操作行为

及处理办法抽象而来的，并存储在规则库中。此外，该规则库还能支持对规则的动态更新及扩展，进而实现指挥人员各类经验知识的不断积累、优化和重用。

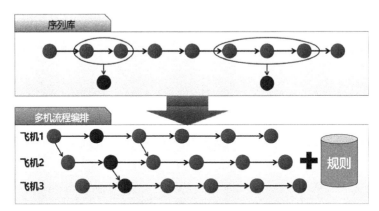

图 6-7　多机并行指挥作业流程编排和验证方法

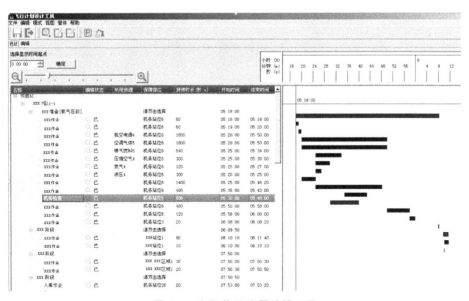

图 6-8　多机作业流程编排工具

① 设备与保障部位的可用性筛选规则：在选择设备与保障部位时，系统根据当前设备分配情况自动获取可用设备供用户选择，自动屏蔽不可用设备。

② 设备与保障部位的排序规则：在选择设备与保障部位时，可选资源根据等待时间、移动时间按从快到慢的规则进行排序。

③ 流程调整规则：在规划任务时，能够自动检测任务调整是否影响其他任务，对有冲突的任务加以提示；并且能够根据任务调整结果，自动展示其对后续逻辑任务的影响，当与后续任务设备占用、保障部位占用或后续逻辑冲突时，自动放弃后续任务的调度结果并提示；给出当前任务在不影响前续任务调度结果条件下的可调整时间和设备范围。

④ 数据校验规则：在导入基础数据模板时，能够自动检测各类模板之间的耦合关系，当模板间有冲突时，给出提示，如甲板数据与保障战位数据耦合关联时，便会进行冲突提示。

⑤ 设备移动避碰规则：主要根据对设备预设的优先级来进行避碰。在高优先级的设备调运过程中，与低优先级的设备发生避碰时，低优先级的设备将会暂停，待高优先级设备绕过后再移动。

6.5.3 人/装备/数据在回路的全流程虚拟推演

航空指挥和保障系统的指挥关系十分复杂，系统功能由分布在飞行指挥塔台、航空管制中心、机务飞行甲板值班室、航空舰面勤务飞行甲板值班室等指挥部位上百名指挥和操作人员通过语音、网络报文、手势等方式操控上千台/套设备实现。综合仿真系统应提供与之匹配的集视频、音频、视景等在内的多维人机交互手段。通过支持多战位人在回路的复杂仿真虚拟推演与评估技术研究，一方面，为各类设计、指挥人员提供高逼真度的虚拟操作场景，通过提供高沉浸感和可信度的仿真场景，实现各类指挥人员在装备设计之初便能提前感受装备预期交付的使用效果；另一方面，这些复杂的场景和设备，是通过作业流程连接起来的，构成了完成舰载机出动架次的复杂工程系统，所以这个基于流程的 LVC 仿真系统，实现了对复杂工程系统作业流程从无到有的设计，并能够对流程的正确性和准确性进行验证，还可通过对推演过程的综合评估为后续的流程优化设计提供数据支撑。在实验室搭建的虚拟环境中，通过人在回路的仿真推演，使得领域专家、设计人员和军方使用人员提前感受未来的作业环境，提早熟悉相关设备，对作业流程进行评估和验证，实现复杂工程系统作业流程从无到有、从粗到精的设计和优化的目标。

1. 基于模型组合的仿真想定快速生成技术

这里首先根据多机流程编排构建多机流程仿真想定，尤其是通过在想定

构建过程中关于特情序列的引入，为流程调度过程中特情事件动态发生及流程动态调整提供了有效的支撑。仿真想定作为仿真系统运行的基础，是实现典型任务仿真推演的关键，但随着仿真任务需求的不断增加及任务复杂程度的提高，如何快速生成满足需求的仿真想定正成为当前 LVC 仿真面临的重要问题。因此，本节重点介绍任务模型规范化描述方法、仿真想定流程模型规范化描述方法、流程序列模型规范化描述方法，进而实现基于模型组合的仿真想定流程快速生成技术。基于模型组合的仿真想定流程生成技术框图如图 6-9 所示。

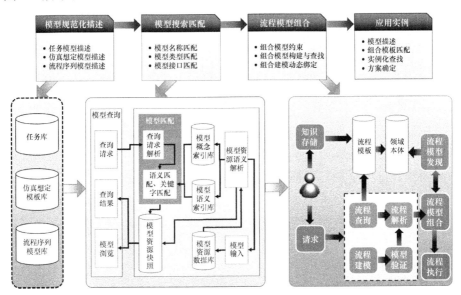

图 6-9　基于模型组合的仿真想定流程生成技术框图

下面就该框架中涉及的模型匹配与组合环节详细讲述。

1）基于规范化描述的模型库

基于模型的形式化描述，可以形成三个集合库：任务库、仿真想定模板库、流程序列模型库，为模型的匹配和组合提供数据支撑。

（1）任务库

任务库中存放既往的所有任务模型，如舰载机夜间飞行任务、舰载机白天护航任务等。在具体实施过程中，新的任务请求首先与任务库中的任务实例进行匹配，若能在任务库中匹配到相应的任务请求，则说明在仿真想定模板库中有相应的仿真想定模板与之对应。

（2）仿真想定模板库

仿真想定模板库中存放既往发生的组合流程，若任务库中能匹配到符合的任务，则从模板库中找到对应该任务的流程模板作为模型组合的依据；若找不到对应的模板，则需要构建新的流程模板。

（3）流程序列模型库

流程序列模型库中存放仿真想定模板库中所用到的抽象序列类，流程序列模型库中的序列可以是原子流程序列，也可以是组合流程序列。

在面向具体任务构建仿真想定流程时，首先调用任务库；基于任务库匹配结果，调用仿真想定模板库中的仿真想定流程模板；其次在流程序列模型库的支撑下进行仿真想定模板的绑定；最后进行仿真想定模板实例化，得到具体的仿真想定流程。可以说这三个库相互依存、互相支撑，共同为后面的模型搜索匹配、流程模型组合过程提供数据支持。

2）模型搜索匹配

模型搜索匹配主要包括模型资源输入模块、模型资源数据库、模型语义解析模块、模型资源快照、模型概念索引库、模型语义索引库、模型匹配模块和模型查询模块。

3）流程模型组合

仿真想定流程模型是诸多以流程级离散事件驱动的复杂仿真系统的核心，仿真想定流程模型组合的正确性决定了当前仿真任务请求实现的可行性，而流程模型的可组合性又进一步决定了整个仿真组合结果的合理性和有效性，因此研究流程模型的组合有着重要的意义。通过对系统运行和人员操作等过程进行梳理，建立有效和可靠的流程模板，并利用该流程模板进行后续模板模型的实例化，生成可执行的仿真想定是流程模型仿真的主要方法。随着仿真请求的不断发展，众多流程模板形成流程模板库供后续新任务请求基于流程模板进行组合，有利于提高模型的可重用性，加快流程模型组合的速度，提高流程模型组合的可用性。

领域本体库、流程模板库组成了系统的知识库。流程模板数据库具有业务流程模型和链接的流程文件，经过质量检查和会审后的流程模型进入流程发布数据库，进行正式发布。用户可通过统一的流程门户查询不同的流程；流程建模是基于模型的语义化描述，是动态生成的，提供机器可理解的、能自动处理的语义支持。领域本体库是整个系统的语义知识来源，业务流程通过引用领域本体实现了知识层面的提升。

在组合进行时，组合引擎根据用户的请求方案与流程模板库中的流程模板进行匹配，计算机根据用户偏好及抽象流程模型的功能描述与模型注册库中的具体模型进行匹配，最后将查找到的组合序列进行动态绑定，实现模型组合。

通过以上过程，在降低动态模型组合复杂度的同时又具有一定的灵活性，提高了流程模型组合的成功率和效率。

2. 支持"人/装备/数据在回路"的协同仿真及导调控制技术

结合航空指挥和保障系统实际运行特征，基于虚拟现实技术、人机交互技术，研究航空指挥和保障作业全流程仿真推演技术，实现"人/装备/数据在回路"，如图6-10所示，具体包括想定编辑技术、仿真导调控制技术、仿真推演数据采集及评估技术等，进一步提升仿真推演的高逼真度和高置信度。具体步骤如下。

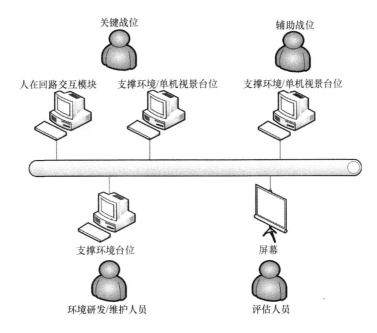

图 6-10 "人在回路"仿真实现方式

第一，分析设备模拟器、视景仿真平台、数字人仿真平台的数据交互机制，结合航空指挥和保障系统对人在回路仿真的性能指标要求，对 HLA、SOA、OSGI 等协同仿真技术规范进行研究，确定分布式仿真集成机制。

第二，分析航空指挥和保障系统作业人员的组成、工作流程、协作关系等要素，按照各战位在指标体系中的权重划分战位人员类别，确定该战位"人在回路"仿真的实现方式，在此基础上研究各战位"人在回路"仿真的软硬件组成，并研究各战位协同仿真的交互接口。

　　第三，结合多机作业流程，对基于作业流程模型驱动的多战位人在回路的并行分布式协同仿真支撑环境技术进行研究，重点研究作业流程模型与装备实体、作业人员的交互关系，进而提出基于多战位人在回路并行分布式协同仿真的航空指挥和保障系统仿真推演方法。美国"福特"级航空母舰虚拟仿真推演示意图如图 6-11 所示。

图 6-11　美国"福特"级航空母舰虚拟仿真推演示意图

　　基于上述仿真环境，开展面向典型任务下的统一的时空区域内的"人-机-环"多要素协同的仿真推演。这里以"福特"级航空母舰为研究对象，开展航空指挥和保障全流程验证试验，并对不同的指标数据进行采集、分析。多机流程仿真运行效能评估如图 6-12 所示，进而评价仿真方案的可行性、执行效率及资源利用率。主要评价指标包括设备、保障部位、故障发生的次数及概率，进而为流程设计人员提供决策支撑。

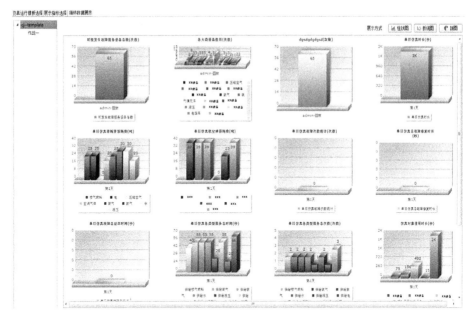

图 6-12　多机流程仿真运行效能评估

6.5.4　模型和数据驱动的系统隐秩序挖掘

　　针对航空指挥和保障系统作业场景复杂、人机交互关系复杂等问题，以流程为牵引，基于 LVC 技术建立了逼真的单战位和多战位公用虚拟场景模型及关键实体模型，大幅提高了仿真推演的沉浸感和可信度，同时充分融合内外场仿真试验数据，采用经验推理、数理统计等方法来挖掘要素间的复杂耦合关系，如空间约束关系、流程约束关系、接口约束关系等，并用数学模型进行量化表达，最后基于上述数字化模型和试验数据混合驱动的全流程仿真推演，实现了传统离散事件仿真向数据驱动的浸入式仿真推演的转变，完成了对复杂作业过程或系统本质特征与机理的整体描述，挖掘出系统运行背后隐藏的规律，即"隐秩序"，如作业流程的耦合机理、甲板保障作业中移动设备转运次数规律等，进而推动复杂工程系统设计由"降维解析"向"映射升维"的转变。

6.6　本章小结

　　传统的系统工程的设计方法主要通过降维解析的思路，将复杂系统分解成一个一个简单独立的个体，便缺少了对系统整体性及系统要素之间关

联性的充分考虑。因此，本章通过构建涵盖人员、装备、作业环境等多个层面的综合仿真环境，以出动架次率的效能指标为目标，以作业流程为纽带，在传统离散事件仿真基础上，基于不断积累的内场仿真数据和外场试验数据，以及系统装备孪生数据，采用分布式仿真、VR/AR、大数据处理等技术，实现多战位"人在回路、数据在回路、装备在回路"的虚拟推演和综合评估，发现挖掘系统要素间的显性和隐性的关联关系，进而实现对典型复杂工程系统——航空指挥和保障系统隐秩序的挖掘和规则优化，发现复杂系统运行新规律、新机理，探索了复杂工程系统设计由传统"降维解析"向"映射升维"模式转变的可行性。同时，通过复杂工程系统内部的流程设计，将系统内部各部分连接起来，构建出系统内部交互协同的自组织性特征，并通过系统的自组织性涌现出一定程度上的有机特性来提升复杂工程系统应对环境变化的自适应能力，遵循霍兰教授提出的"适应性造就复杂性"的原则，为将传统的无机工程系统向有机工程系统转变探索了一条可行的技术路径。

第7章

复杂工程系统设计创新之路

　　通过对典型复杂系统——航空指挥和保障系统的设计与实践，从系统复杂性角度出发，基于复杂系统的能力、架构和模型三个主要要素，开展了面向能力（Capability-oriented）、基于架构（Architecture-based）、模型优化（Model-optimization）的复杂系统设计方法的实践，以学习验证"库兹涅佐夫"航空母舰航空指挥和保障系统方案论证、设计、评估、集成与验证等设计过程为实例，搭建了航空指挥和保障系统一体化综合设计平台，对复杂工程系统研究进行了较为全面的实践和探索。在探索并丰富了现有的复杂系统工程设计理论方法的同时，我们发现，现有设计理论方法基本都是在用还原论为主导思维下的降维解析法来解决复杂性问题，虽然在升维方面做了些尝试，但是在三种复杂系统设计方法中我们发现，复杂工程系统的重要特性——不确定性和自适应性被严重忽略了。

　　针对三种关键复杂系统要素的实践与比较，我们又创造性地引入了流程这一新的关键要素，开展了"数据驱动的复杂工程系统流程设计方法"的探索，在该方法的支持下，在探索复杂工程系统自组织性、自适应性与不确定性等特性分析时，我们发现不能固守原有的理论和方法，必须有所突破和创新。复杂系统的本质特性"不确定"是随时间变化而产生的动态不确定；同时，复杂系统的自适应性是在环境和对象上动态有机适应的。为此，我们在能力、架构和模型三个复杂系统关键要素的基础上，提出流程这一新的要素并经过实践检验后，又慎重提出了有机和环境两个要素加入复杂性研究的方法中，强调通过数据实现动态反馈，变传统的降维解析为新的映射升维，并

创新性地提出了生命力支持（Survivability-support）、数据驱动（Data-driven）和环境协同（Environment-coordinate）的复杂工程系统设计新方法，为复杂系统新的理论：体系生命力理论的提出奠定了实践基础。

7.1　典型复杂工程系统设计总结

7.1.1　CAMP 复杂工程系统设计方法

本书第 3~6 章分别介绍了面向能力的复杂工程系统顶层设计与评估方法、基于架构的复杂工程系统多视图模型融合设计方法、模型支持的复杂工程系统优化设计方法与数据驱动的复杂工程系统流程设计方法，强调了复杂工程系统设计过程中在应对复杂性与不确定性时应该重点关注与应对的四个方面，分别是面向能力（Capability-oriented）、基于架构（Architecture-based）、模型优化（Model-optimization）与流程连接（Process-connected），这四种方法结合常规的系统工程过程，形成了一种面向复杂工程系统复杂性与不确定性的工程方法，简称 CAMP 方法。

（1）面向能力——解决复杂工程系统能力指标的分解与验证问题

复杂工程系统由多个分系统组成，共同完成单个分系统无法完成的更高层次的任务目标，形成综合业务能力。在复杂工程系统论证阶段，强调的也是系统的综合能力指标，即综合效能指标。因此对复杂工程系统设计来说，关键的第一步便是如何将复杂工程系统的能力指标分解成为各分系统的性能指标，以及如何在设计过程中对系统的综合效能指标进行评估验证。

在第 3 章针对航空指挥和保障系统设计和评估的综合效能需求，基于面向能力的顶层设计方法，对航空指挥和保障系统整体指标——出动架次率的综合效能进行分析评估，通过自顶向下的能力指标量化分解，且充分考虑指标间的关联关系，基于关键参数指标及其耦合的灵敏度分析方法，为复杂工程系统的综合性和系统性特征解决提供了方法支撑；同时通过多参数变化的大规模仿真和多方案比较分析，发现系统背后隐藏的运行规律。在对应复杂工程系统特征方面，该方法主要对应系统的系统性、层次性与整体涌现性。

（2）基于架构——解决复杂工程系统多视角描述与模型数据融合问题

系统架构包含系统的组成及组成之间的交互关系，因此系统架构其实便是系统实体的主体。如何描述一个复杂工程系统的系统架构，业界已经达成共识，即用多视图的描述方法从不同的视角来描述系统架构的不同方面，就

好比盲人摸象一样，不同的人描述的是大象的不同特征，最后需要将这些特征融合在一起，才能形成对大象的整体认识。因此对复杂工程系统架构建模，一方面需要多视图方法，另一方面需要将多视图模型进行数据融合，形成对系统架构的整体性认识。

第4章中以复杂工程系统的相关性和综合性特征为研究出发点，重点研究了航空指挥和保障系统多视图建模及模型融合的系统架构设计方法，构建了一套以过程视图为核心的功能视图、信息视图、资源视图、组织视图、能力视图、系统视图和环境视图相关联的八维视图模型及其融合机制，解决了长期制约复杂工程系统架构设计的难题，初步形成一套面向复杂工程系统的多视图系统架构设计理论和方法。在对应复杂工程系统特性方面，该方法主要对应系统的系统性、规模性、层次性与涌现性。

（3）模型优化——解决复杂工程系统数学建模与优化设计问题

模型是指对现实世界对象的抽象描述，建模的重要目标之一便是从特定的对象中总结出具有普遍意义的、可以复用的规律。同时模型也为研究真实对象的内部规律演变提供了工具和手段。复杂工程系统问题涉及多因素的共同作用，并可能相互存在一定的冲突，具有较高的综合性，因此需要将实际问题转化为数学模型，并采用规划模型、网络模型、智能优化模型对复杂工程系统进行约束性描述、目标抽象，进而掌握问题的核心和本质，从而为提高复杂工程系统的设计提供可靠依据。

第5章介绍了复杂工程系统中优化问题及基本方法，并从问题出发，详细描述了建模过程和求解方案。主要包括：①启发模型建立，通过对民航机场航空指挥和保障领域问题的抽象，采用离散粒子群模型对停机位置分配进行了编码求解。②数学模型建立，考虑航空母舰甲板的空间限制，采用多种建模方法解决舰载机路径规划与协调问题，建立了基于碰撞点的目标避碰协调机制。从上述解决思路可以看出，基于高置信度模型的优化设计方法可以强化对复杂工程系统问题描述的准确性，能够在有限时间内得到复杂工程系统多目标设计问题的较优解和均衡解，进而达到对复杂系统优化的目的。在对应复杂工程系统特性方面，该方法主要对应系统的非线性、次优性与不确定性。

（4）流程连接——解决复杂工程系统功能涌现性与自组织性问题

流程是复杂工程系统人、机之间，机、机之间交互与协作的过程，流程还包括交互与协作过程中的资源约束和环境约束，流程是将复杂工程系统各

部分衔接在一起的黏合剂。复杂工程系统的功能涌现性都是通过流程来实现的，而流程设计也应充分考虑系统内部各成员之间的自组织性约束。传统降维解析的系统工程方法将复杂系统分解成一个一个简单独立的个体，无论是在参数维度上还是在时间维度上的，都造成了系统整体性与交互性的缺失。而恰恰是流程将分解的独立个体重新组合起来，形成整体性能力，并弥补分解时降维造成的对系统整体性与交互性的缺失，实现映射升维。

在第 6 章以航空指挥和保障系统仿真作为典型的复杂系统联合仿真对象，以航空母舰的出动架次率效能指标为目标，以作业流程为纽带，通过构建面向复杂工程系统的 LVC 仿真验证环境，来实现复杂系统作业时序逻辑及其运行过程的虚拟展现，同时融入了大量的内外场仿真和试验训练数据，充分发掘系统的隐秩序，并运用隐秩序来优化系统流程，在解决了复杂工程系统的综合性、系统性的同时，还为系统整体涌现性和寻优性的解决提供了借鉴方法。并探索了复杂工程系统设计由传统"降维解析"向"映射升维"模式转变的可行性。在对应复杂工程系统特性方面，该方法主要对应系统的系统性、涌现性、自组织性与有机性。但由于作业流程的设定是基于规则和约束的，从而使得流程实体的自主特性较弱，在建模描述复杂工程系统的自组织与自适应性发展趋势方面仍显不足。

CAMP 复杂工程系统设计方法基本覆盖了复杂工程系统的特性需求。复杂工程系统设计方法与特性对应图如图 7-1 所示。但在复杂工程系统的不确

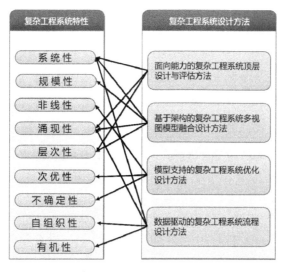

图 7-1　复杂工程系统设计方法与特性对应图

定性、自组织性与有机性应对方面显得较为薄弱。因此后续将重点围绕复杂工程系统自组织、不确定性与有机性特性，基于前沿的人工智能、大数据、云计算与物联网等新兴技术，以及 CPS、数字孪生等先进理论，探索应对复杂工程系统自组织、不确定性与有机性特性的新方法。

7.1.2　复杂工程系统一体化协同设计平台

以前面章节提出的复杂工程系统设计方法为理论指导，借鉴先进的数字化设计与仿真技术，我们搭建了复杂工程系统一体化协同设计平台架构（见图 7-2），支撑不同人员协同开展复杂工程系统的跨阶段设计、研制、训练和验证等工作。

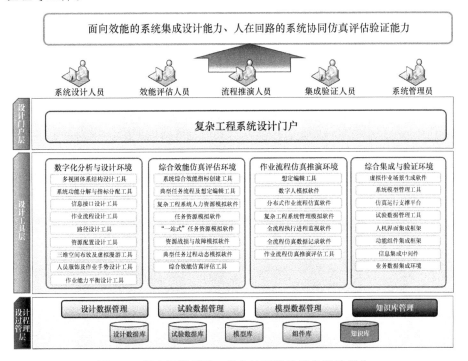

图 7-2　复杂工程系统一体化协同设计平台系统架构

1. 设计门户层

设计门户层是复杂工程系统一体化协同设计平台的统一使用入口，直接面向任务系统设计、效能评估、流程推演和集成验证等各类系统的使用人员。系统设计门户集成有数字化分析与设计环境、综合效能仿真评估环境、作业流程仿真推演环境和综合集成与验证环境中的数字化设计工具，可为系统使

用人员提供各类工具的使用链接和个性化的集成信息看板。同时，充分考虑平台的可扩展性，支持以插件的方式将各种设计工具统一到平台上运行，可实现设计研发资源的共享和重用，进而适应各类复杂工程系统设计人员对设计任务完成的不同需求。

2．设计工具层

设计工具层由自主研发的数字化分析与设计环境、综合效能仿真评估环境、作业流程仿真推演环境和综合集成与验证环境等一系列设计工具组成，为系统数字化设计提供工具支持，可以支撑复杂工程系统下的设计参考任务论证、关键指标论证、保障需求分析、资源配置论证、功能设计及分解、系统组成设计、指标设计及分解、方案设计、作业流程设计和技术设计验证等系统设计工作。

（1）数字化分析与设计环境

开发了复杂工程系统设计模型架构，包括分类、层次结构和二者间的相互关系。研究多视图系统架构设计工具、系统功能分解与指标分配工具、系统作业能力平衡设计工具、资源配置设计工具、作业流程设计工具和三维空间布放设计工具等，侧重为系统设计人员开展需求分析、设计输入、方案对比论证、指标分配、流程优化设计、接口设计、关键技术突破、效能分析等方案论证和方案设计前端设计过程工作提供技术支撑。

（2）综合效能仿真评估环境

开发了典型任务想定编辑工具，包括人力资源模拟软件、保障资源模拟软件、武器保障资源模拟软件和系统综合效能仿真评估工具等工具或软件等，侧重为系统设计人员开展系统效能分析与评估和方案评估等方案设计过程的工作提供技术支撑。

（3）作业流程仿真推演环境

开发了复杂工程系统作业流程想定编辑工具，包括数字人模拟软件、多战位分布式作业流程仿真软件、指挥管理模拟软件、系统全流程执行进程监视软件等工具或软件的构建，侧重为系统设计人员开展集成设计、方案评估和数字/半实物仿真推演等设计评估与验证过程工作提供技术支撑。

（4）综合集成与验证环境

构建了基于数字与半实物混合的系统集成与验证环境，包括系统设计门户、人机界面集成框架、功能组件集成框架、信息集成中间件、业务数据集

成环境、系统模型管理工具、试验数据管理工具等，侧重为系统设计人员开展集成设计和方案评估验证等设计评估与验证过程的工作提供技术支撑。

3. 设计过程管理层

设计过程管理层作为整个一体化协同设计平台的业务逻辑、数据和服务层，由设计数据库、试验数据库、模型库和知识库等模块构成，主要负责实现复杂系统一体化综合设计过程业务逻辑、数据交互和存储服务，目标是实现一体化协同设计平台模型、设计数据、试验数据和设计过程的综合管理，为方案论证、设计、评估、集成和验证等设计过程中的各种活动提供支持。平台中的各子环境内部自成一体，各环境之间的数据交互都需通过数据中心来联通。数据中心在平台的整体构建中起着十分重要的作用。

7.1.3 传统设计手段与现代设计手段分析

复杂工程系统的复杂性难以依靠一种设计验证方法就可以完成，以上述一体化协同设计平台为支撑，开展复杂工程系统一体化设计工作，其流程如图 7-3 所示。

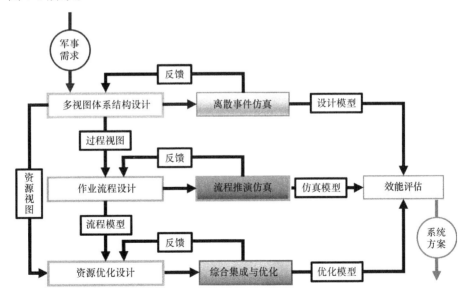

图 7-3 复杂系统一体化设计流程

① 在论证阶段，主要针对复杂工程系统的综合性、系统性和层次性的特点，基于多视图系统架构设计方法，构建面向复杂工程系统的过程、资源、

环境、系统、组织、功能、信息和能力 8 个视图模型，多视图模型之间数据能相互关联融合，以该多视图模型为输入，采用基于 AnyLogic 的平衡设计方法对提出方案的效能进行顶层验证分析，并以该结果为反馈，为设计人员对设计方案进行迭代修正提供数据支撑。

② 在专业化设计阶段，主要针对复杂工程系统的系统性、寻优性、整体涌现性等特点，采用模型支持的优化设计方法，数据驱动的流程 LVC 仿真验证方法开展复杂系统的流程和资源优化配置设计。其中，流程设计以上述多视图模型中的过程视图为输入，开展细化的流程设计，并通过流程快速仿真工具对细化流程进行验证分析；资源配置设计以多视图模型中的资源视图为输入，结合流程模型开展各类保障资源的优化配置和调度仿真；基础数据设计维护主要指系统设计过程中设计基本数据的定制维护，包括路径规划和任务样式设定等，从而为后续对相关方案进行仿真验证提供数据输入。

③ 在仿真评估及验证阶段，主要针对复杂工程系统的系统性、综合性和整体涌现性等特点，开展面向能力的复杂工程系统效能评估技术研究，通过对上述各类设计方案进行关联集成，利用构建的分布式仿真平台和虚拟交互场景对设计方案进行虚拟验证，进一步验证方案的合理性和可行性，从而为不同阶段设计人员提供设计决策支持。

通过对比分析国外某航空指挥保障系统传统设计和基于该一体化设计平台的现代设计过程，针对系统架构设计、作业流程设计、资源优化设计、效能评估等关键环节的设计工时进行了统计分析，在系统设计工作量大幅提升的情况下，设计效率提升了 30% 以上，大大提升了复杂工程系统设计水平和自主创新能力。

上述复杂工程系统传统设计可以定义为以经验为基础，以长期设计实践和理论计算而积累的经验、公式、图表、设计手册等作为设计的依据，通过经验公式、修正系数或类比等方法进行设计；而复杂工程系统现代设计是指凭借计算机网络、先进仿真、数据挖掘等信息技术，采用现代化的设计理念或方法，如采用能力设计、模型支持设计、仿真优化设计和数据驱动设计等，并采取并行或协同的模式来进行复杂工程系统设计。复杂工程系统现代设计方法是随着科学技术的不断发展以及人们对复杂工程系统效能的要求不断提高，并且在不断吸收传统设计经验的基础上而逐步发展起来的。

① 在使用工具上的区别：传统设计主要是依靠手工操作来完成的，如一些设计计算及绘图基本上要靠手工完成，这样不仅导致设计进度缓慢，也在很大程度上约束了人脑的设计思维。现代设计主要依靠计算机来完成，设计计算、绘图、分析甚至样机检验都可借助计算机来实现。有了计算机，设计人员可以把精力重点放在创新上，而不是一些重复性的劳作，从而显著地提高了设计效率。

② 在计算方法上的区别：传统设计在设计计算中通常依赖于解析求解方法，由于工程实际问题的复杂性，使一些具体问题无法求得解析解，因此，为了求解不得不将问题简化而采用近似计算，导致设计的精度降低。现代设计在设计计算中通常采用数值计算法，在充分考虑各种影响因素的前提下，利用计算机强大的计算能力来获得较精确的解。

③ 在设计形式上的区别：传统设计主要采用"需求分析—方案论证—技术设计—外场试验"这一串行模式。在系统传统设计中，往往只有在制造实物使用过程中，才能发现其设计上的缺陷。这种设计模式不可能使设计过程获得较高的效率。现代设计一般尽量采用并行设计模式，由于计算机网络等先进通信工具的出现，使得协同异地进行复杂工程系统设计已成为可能。

④ 局部或全局性的区别：传统设计通常只根据复杂工程系统设计的各种需求，一对一地去解决设计中遇到的问题，缺乏整体的或全局的观念。而现代设计更加科学、更加全面、更加系统，因此，基于系统工程的综合设计理论与方法具体地贯彻了现代设计的思想。

⑤ 在知识运用上的区别：传统设计通常凭借设计者直接或间接的经验，通过类比分析或经验公式来确定方案，由于方案的拟订很大程度上取决于设计人员的个人经验，即使同时拟定几个方案，也难以获得最优方案。现代设计则从以经验为主过渡到以知识为主，设计者利用知识工程、人工智能等相关技术，可以科学地进行设计过程中的各种决策，从而促使设计效率和设计精度大幅度提高。

从前面所述的复杂工程系统传统设计与现代设计的 5 个方面的对比可以看出，传统设计已无法适应时代的发展，必将被现代设计所取代。同时，复杂工程系统现代设计在传统设计中吸取有益的经验并得到进一步的发展。

7.2　从降维解析到映射升维

7.2.1　传统降维解析方法的困惑

在传统的系统工程研制中采用传统的降维解析的系统工程方法，在指标的分解和验证上遇到了不小的困惑。

在指标分解上，以航空指挥和保障系统为例，该系统的综合效能指标是舰载机的出动架次率，在如何将出动架次率指标分解为航空指挥和保障系统各分系统的性能指标上遇到了难题。由于出动架次率与系统的作业流程强相关，传统的降维解析方法对系统只进行了静态分解，无法体现分系统之间动态的交互关系，因此缺少将出动架次率分解为分系统性能要求的有效手段。因此，必须增加新的手段，通过描述系统的动态业务流程来支撑顶层指标的分解工作。

在指标验证上，传统的降维解析系统工程方法，只有在大系统集成完成后，才能窥得整个系统的全貌，才能对系统顶层指标进行验证。而一旦指标不能达标，回溯的代价将非常巨大，甚至可能造成整个项目的失败。复杂工程系统的效能指标在设计阶段随着系统设计的推进，需要逐步明确，因此必须增加新的手段，在设计阶段就开展顶层指标的验证工作，如果验证不达要求，可以及时通过改进设计来优化指标。

7.2.2　参数维上的映射升维

为支撑复杂工程系统论证、设计、研制、试验、交付与运行全生命周期过程，提出一种基于数字孪生和模型混合驱动的复杂工程系统变维设计理论方法，如图 7-4 所示。针对复杂工程系统不同阶段，综合降维解析和映射升维的方法，解决复杂工程系统适应性及复杂性的问题。

（1）复杂工程系统降维解析设计方法

主要采用还原论的思想，即将复杂系统分解成多个简单系统，基于整体等于各部分之和的方法，该种方法适用于复杂工程系统论证及设计阶段，在对目标图像缺乏足够认知的情况下，有助于原型系统或样机的研制。但该种降维解析的方法会带来复杂工程系统交互性与整体性的缺失。如航空指挥和保障系统的"人-机-环"复杂工程系统，采用传统的降维解析方法难以充分发现要素间的复杂耦合机理，以及多要素耦合对航空指挥和保障系统综合效

能的量化影响，更无法挖掘和发现多要素耦合作用下涌现出的隐性秩序，从而无法实现对复杂系统进行真实全面的描述和分析。

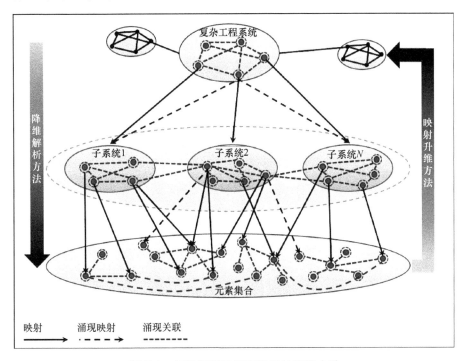

图 7-4　复杂工程系统变维设计理论方法

（2）复杂工程系统映射升维设计方法

为实现对复杂工程系统复杂性及适应性的全面映射，我们创新性地提出一种支持映射升维的复杂系统自适应设计方法。该方法首先基于不断积累的内场仿真数据和外场试验数据，以及系统装备的数字孪生，基于不断演进的规则和流程，挖掘系统要素间的关联关系，通过复杂系统多主体要素多维关联网络来描述复杂工程系统，并利用复杂网络理论来分析和评估复杂工程系统各类特性，最终解决复杂系统的适应性和复杂性的难题。

复杂工程系统的工程构建过程在传统系统工程构建的基础上，增加顶层多智能体建模的过程，形成了新的系统工程过程模型。我们对航空指挥和保障系统的成员系统进行了分类：一是全新开发的系统，二是适应性改进的系统，三是购买的货架产品或直接沿用现有系统，不同的系统状态对应不同的管理过程。并通过在大系统顶层构建系统整体的包含隐秩序信息的多智能体仿真模型，来全程指导整个工程的研制，包括指标分配、指标的及时验证以

及系统非预期涌现性的仿真等工作，确保了航空指挥和保障系统工程构建的高效并顺利开展。

通过对上述航空指挥和保障系统的系统性、综合性、相关性和寻优性的探索性研究实践，期望在复杂工程系统设计之初对系统功能、性能和流程等进行均衡优化设计，提高航空指挥和保障系统的功能、性能及信息的集成度、关联度和匹配度，实现各型飞机兼容通用化指挥保障，确保出动、回收能力的实现和进一步提升，最终提高航空指挥和保障系统的设计水平和系统设计性能，加快航空指挥和保障系统由研仿设计向自主设计转型。

7.2.3   时间维上的映射升维

1．系统在时间维上的状态流

可以想象，在一个空旷的屋子里打开一瓶标注了颜色的气体，由于扩散作用，不一会儿气体就会布满整间屋子，永远不会回到打开瓶子那一瞬间屋内气体分布的状态，这个实验体现的是时间的单向性与不可逆性，称为"时间之矢"，表示了世界演化的不可逆性。

我们所处世界的任何系统都有立体的三维结构，代表了系统在物质与能量上的某一状态，而时间是第四维，在时间维度上，系统表现为状态的持续变化，形成一股连续的状态流，如图 7-5 所示。因此，任何系统都可看成系统的状态在时间维上的状态流。如果把这里的"系统"扩展为整个宇宙，宇宙便是物质与能量在时间维上的状态洪流，宇宙的滚滚洪流一往无前，不断地演化发展着。

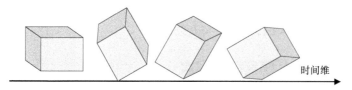

图 7-5   系统在时间维上的状态流示意图

2．流程实现了系统时间维上的映射升维

复杂工程系统在复杂性上的一个重要特征是组成系统的分系统之间的协同性与适应性，霍兰在《隐秩序》一书中提出了"适应性造就复杂性"。而复杂工程系统的协同与适应是通过复杂工程系统内部的业务流程来实现的。

工程上通过对复杂工程系统业务流程的建模，以业务流程为纽带，仿真

结果反映了复杂工程系统在时间维上各个时间片段的状态，提升了设计人员对所要构建的对象系统在时间维上连续状态变化的认识。基于流程建模的时间维映射升维如图7-6所示。

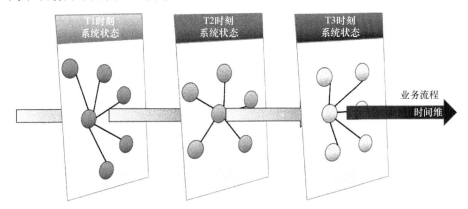

图 7-6　基于流程建模的时间维映射升维示意图

以基于流程的 LVC 仿真验证方法为技术基础，建立复杂工程系统顶层整体模型，并随着工程研制过程中数据的不断更新迭代来更新模型本身，使该模型始终反映系统设计与构建的最新状态。通过对该模型的仿真运行，能在设计初期指导进行顶层指标的分解工作，在系统设计与构建过程中及时评估出复杂系统的综合效能指标，为工程总体调整系统指标或工程管理计划提供数据支持。通过对系统顶层仿真模型的仿真运行还能及早发现复杂工程系统非预期的行为涌现，能及时采取措施或修改设计来尽早消除非预期的行为涌现，从而大大降低因修改设计而付出的代价。

7.3　工程系统复杂性再认识

7.3.1　工程系统复杂性层次

基于航空母舰的工程实践和航空指挥与保障复杂工程系统的设计分析，我们对系统的复杂性有了新的认识。在从夸克进化到智慧人类的过程中，其实经历了两次跨越：一次是从无机到生命有机的跨越；一次是从动物本能到人类精神的跨越。这两个鸿沟正好将整个系统集合划分为三个层次：无机的自然物质系统的演化发展遵守的是自然界中的物理与化学规律，如热力学第二定律、耗散结构、协同演化等，称为自组织性；生命有机系统的演化发展遵循的是以目的为导向的自适应性，如达尔文物竞天择的进化论和霍兰的复杂适应系统理论

等；而由人的精神世界共同构筑的社会系统的演化发展取决于群体内个体的心理活动，归根到底是个体在处理事情时的决策博弈过程。而且不同层次之间具有递进关系，如生命有机系统是以无机的物质系统为基础的，任何生物体都是由基本元素分子构成的，而社会系统的基础是人的生命有机系统。

以前的复杂性只能分到有机、无机两个层次。鉴于复杂性因素的本质，我们基于复杂系统工程实践，提出一种全新的系统复杂性层次分类方法。首先将系统的复杂性划分为三个层次，即自然物质系统的自组织复杂性、生命有机系统的自适应复杂性与社会系统的决策博弈复杂性。

需要特别指出的是，在早期的人造工程系统中，人类对自然物质系统进行了功能改造，虽然未改变其物质特性，但赋予了它们新的功能，如制作劳动工具，将木材加工成桌子等，具有了功能性。与自然物质系统对应，我们将这类系统称为工程物质系统，工程物质系统的复杂性特征除物质系统的自组织层次外，还具有功能复杂性。根据热力学第二定律，系统自其建立的那一刻起，便开始了其熵增的过程，因此我们将工程物质系统区别于自然物质系统自组织复杂性之外的复杂性，称作"功能熵增复杂性"。总结来说，系统的复杂性无非就是无机物质系统的自组织复杂性、工程物质系统的功能熵增复杂性、生命有机系统的自适应复杂性以及人的精神世界的决策博弈复杂性（见图7-7）。这种分类为我们研究系统复杂性提供了一种新的视角，也为我们应对系统复杂性提供了清晰的思路。

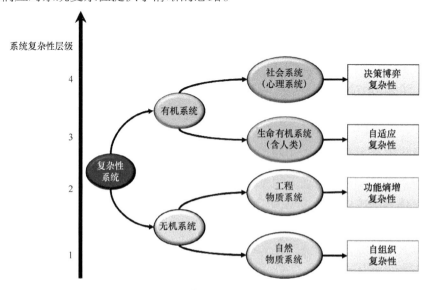

图 7-7 系统的复杂性分类层次

7.3.2 工程系统复杂性分析

1. 工程系统组成

在分析工程系统的复杂性之前，首先分析工程系统组成与复杂性层次，如图 7-8 所示。工程系统是以辅助人类改造世界为目标的，是为人类服务的，因此它有使用者，他们属于社会系统。工程系统是技术的集合，它会用到各类材料和装置，它们属于无机的工程物质系统。

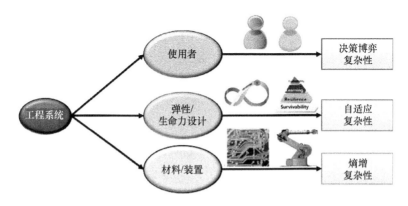

图 7-8　工程系统组成与复杂性层次

工程系统中这两类系统组成是不言自明的。在信息化之前出现的工程系统也只包含这两类组成。但随着计算机的出现以及数字化、智能化技术的发展，通过感知与反馈来提升工程系统的自适应能力，使其具备一定的生命有机特性，从而使得工程系统也具有了一定的自适应复杂性。目前，提升工程系统对环境的广泛适应性与自恢复能力是工程领域面临的新挑战，如美国国防部提出的工程弹性系统理论。我们基于复杂工程系统实践也提出了生命力理论，认为赋予工程系统自感知、自恢复自学习与自进化的生命有机特性，是未来工程系统技术发展的方向。因此人造工程系统是一类非常特别的系统，它既有无机的物质系统成分，也有由人的思维组成的社会系统成分，它还因为系统的自适应设计而具备了一定的有机生命系统成分。以智能机器人为例，组成机器人的材料和零件都是属于无机的工程物质系统，机器人的控制者属于社会系统，由各类传感器和智能软件构成的控制系统具有生命有机系统的部分特性。因此工程系统完整包含了三个层次的复杂性。

2. 以计算机为中心

在信息化时代,计算机系统是一个特殊的存在。计算机的运行速度之快,使得人们无法与它的物理组成和自然属性相联系。计算机中的软件更是特殊中的特殊,其他系统都是物质的,但计算机软件是体现程序员思维逻辑的操作指令序列,它是非物质的,它体现的是人的思维逻辑,但并不是决策博弈的过程,所以计算机软件的复杂性并不在上面分析的复杂性层次范围内,需要单独分析。

计算机与信息论和控制论相结合,实现了控制的自动化,特别是控制论的应用,将弱电的电子元器件与强电的大型执行机构相结合,大大提升了生产力水平,推进了第三次工业革命的进程。现代工程系统几乎都有计算机的参与,从信息采集到信息处理,到信息传输,再到决策执行,都离不开计算机,因此我们可以说,当前的工程系统是一种以计算机为中心的系统。

我们构建了以计算机为中心的人造工程系统模型如图 7-9 所示,主要包括计算机硬件系统、计算机软件系统、硬件执行机构、操作者及系统环境五个部分。

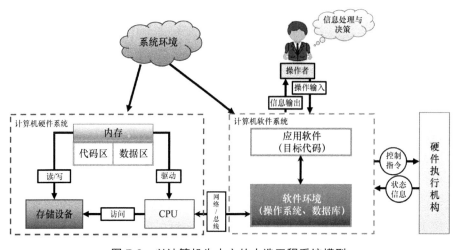

图 7-9 以计算机为中心的人造工程系统模型

计算机软件系统的运行离不开其所依赖的基础硬件和软件环境,其中基础硬件包括 CPU、内存、硬盘与网络设备等,软件环境包括操作系统、数据库等;执行机构接收计算机系统的控制命令,执行相应动作,并将状态信息返回给计算机系统;操作人员从应用软件获取信息,进行处理与决策,将其转化为操作输入,计算机系统再将其转化为执行机构的操控指令,控制其完

成相应任务动作；整个人机系统都处于一定的外界系统环境中，系统环境既是操作者生存的基础，也对操作者的操作绩效产生影响，同时还是计算机系统和执行机构正常运行的重要因素。

3．工程系统复杂性层次分析

我们基于图7-9的模型，对以计算机为中心的工程系统的复杂性进行分析。

（1）无机物质系统的自组织复杂性分析

对于人造工程系统中存在的无机系统主要包括原材料、电子元器件和机械装置等，他们遵循的是无机物质系统的自组织规律。一方面物理世界存在着自组织临界的规律，如集成电路中的晶体管元件有一个极限小的临界值，超过这个临界，量子效应将改变元器件的固有规律，这也是导致摩尔定律无以为继的主要原因；另一方面物理材料存在着随时间磨损或老化的熵增过程。根据热力学第二定律，任何封闭系统的熵总是随时间增加的，系统会随时间从有序过渡到无序，如金属在环境中被氧化和被腐蚀、塑料与橡胶材料随时间老化形变，以及机械器件随时间磨损等，都可看作系统的熵增过程，根据普利高津的耗散结构理论，必须有外界的物质与能量的输入来抵消熵增，才能维持或使系统阶跃到新的平衡状态。我们对系统的维修和保障便可以看作对系统的负熵过程。

（2）弹性与生命力设计的自适应复杂性分析

维纳在控制论中提出的反馈机制与学习机制，除实现了控制自动化之外，还有一个重要的贡献，即打通了无机系统与有机系统。反馈机制与学习机制本来就是维纳从人与动物的行为中总结出来的，代表了生命有机系统的关键特征。而通过赋予人造工程反馈与学习机制，使无机系统具备了一定的自适应能力和有机特性，成为开展系统弹性设计与生命力设计的技术基础。工程系统通过开展弹性设计与生命力设计，使得工程系统具有了一定的自适应复杂性。正是这种自适应能力增强了工程系统在面对自身物质系统熵增过程中的应对能力。

（3）操作者的决策博弈复杂性分析

工程系统操作者的操作过程都可细分为一系列的决策判定过程，操作者从系统接收信息，分析后根据决策事项的类别，可以将决策分为三类，分别是基于技能的、基于规则的和基于知识的决策过程，人的决策过程模型如

图 7-10 所示。

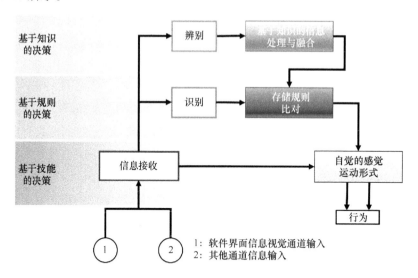

1：软件界面信息视觉通道输入
2：其他通道信息输入

图 7-10 人的决策过程模型

基于技能与基于规则的决策过程可以通过学习和训练来使操作者熟练掌握，这里也体现了个体的适应性能力。而基于知识的决策过程通常指操作者遇到异常情况时，需要根据自身掌握的知识和获取的信息来综合分析，并做出正确选择，这给操作者带来了很大的挑战。一方面，在精神高度紧张的情形下，人往往不能做出正确的操作选择而犯错，许多危险的事故往往都是这样发生的。据民航部门统计，世界上 70%的航空事故都是由于人为因素造成的。另一方面，软件处理的逻辑已固定在系统中，如果软件逻辑错误，在危急情况下，操作者可能只能眼睁睁看着系统执行错误指令，波音 737MAX 飞机的惨痛教训就是很好的例证。因此软件系统需要有一定灵活度与适应能力的架构来改善这一情况。

（4）软件系统的特殊复杂性分析

软件系统是特殊的存在。对软件逻辑规律来说，由顺序语句、条件语句、循环语句与跳转语句等基本语句组成的软件代码既存在着执行路径的组合爆炸，也存在着输入空间的组合爆炸，而随着软件所占系统的比重越来越大，软件的逻辑复杂性已成为导致人造工程系统复杂性的关键因素之一。在当前的技术体制下，软件的逻辑一旦设定，执行中便无法更改，即使错误发生被操作者所察觉，也无能为力，因此为应对软件的复杂性，需增强操作者在危急情形下的干预能力。

7.3.3 复杂工程系统的适应性机制

复杂工程系统既然是复杂系统，也具备复杂系统的一般特点，即规模、系统性、非线性、层次性、涌现、不确定、有机和次优等特性。但由于工程系统是人造系统，是为解决客观世界的复杂性问题而人为设计建造的，根据霍兰的"适应性造就复杂性"原理，要完成好复杂工程系统的设计和建造，既要遵循复杂系统特性的客观存在，也要认识到人造系统不像自然系统那样具备自我演化发展机制，所以需要人为构建适应复杂工程系统演化发展的适应性机制，让复杂工程系统的不确定性得到控制和管理，涌现性得到有益的引导，以实现复杂工程系统的动态稳定和生态演化，从而促进复杂工程系统的正向演进。

复杂工程系统通过构建适应性机制来提升系统对外部环境的适应能力，改造成为霍兰定义的复杂适应系统（CAS）。这些适应性机制是通过一系列规则的形式来描述的。我们尝试性地总结了一些规则的类别，但肯定不限于此，对于通过规则来构建复杂工程系统的适应性机制也是笔者后续研究的重点。

1．构建适应性机制的规则

构建复杂工程系统的适应性机制，要从制定复杂工程系统相关规则入手。规则表现为复杂工程系统内部各成员实体之间的交互规则，这些成员实体我们称为主体，因此主体是规则的承载者。主体通过规则的约束建立适应性机制，一方面，通过不断调整自身来应对外部环境的改变；另一方面，通过对经验的积累来调整规则，从而推动复杂工程系统不断向熵减的方向发展，变得更加有序。

（1）主体变化的熵减规则

主体的变化乃至进入或退出，遵循熵减原则，任何一个主体在适应上所做的努力，都是要去适应别的适应性主体，从而在一定的时间维度上，主体可以通过经验积累和学习不断进化，成为智能体。

（2）有序优先规则

主体间的协同和相互作用产生的涌现，遵循无序向有序优化发展的原则，这也是判定涌现是否有益的一个基本依据。

（3）规模规则

受工程系统在资源、空间及网络通信能力等因素的影响，主体在集成工

程系统过程中，受到规模的限制，即系统规模不能无限地扩大，类似于自然系统中生物体在规模上受到 3/4 幂率的限制一样，复杂工程系统在规模上也受到类似幂率的限制。

（4）能力包最小规则

主体间通过相互作用而完成协同任务的主体间的最小集原则，这里不仅定义了协同主体，也定义了完成什么协同任务。就如同象棋中"马"和"炮"的协同，可以完成马后炮的协同任务一样，这也是复杂工程系统整体可以灵活运用的原因。

（5）环境适应性规则

封闭环境的构建要具备适应主体各类活动的多样性和不确定性，要有充足的消减冲突和容错的能力，易于主体的活动和演化。开放环境的构建，要遵循自然界适者生存的法则。

（6）流程遍历性规则

流程是以效能为目标的能力包的排列组合，也是各类规则的灵活运用，通过流程可以遍历复杂工程系统整体，通过流程的优化可以将主体的变化（进入、退出、功能减退等）找出替代路径，为系统找出可行的解决方案。

（7）效能完成度规则

复杂工程系统效能指标没有唯一解，即没有最好只有更好，效能指标的完成要根据任务和环境的变化动态调整，而且一般是用一个关于时间区间的指标来表达。

2．复杂工程系统特性的对立统一关系

复杂工程系统的规模性、系统性、非线性、层次性、涌现性和不确定性，通过相关的对立统一，最终实现复杂工程系统复杂性和适应性的对立统一。反映了复杂系统的本质是动态演化的有机属性，它们彼此不是孤立存在的，是相互依存、相互作用、共生发展的。

（1）复杂性与适应性相统一

通过构建复杂工程系统适应性机制和规则，复杂系统主体间的相互作用得到规范和控制管理，使得复杂工程系统运行稳定，即因适应性造就复杂性的生态化演进。

（2）不确定性与次优性相统一

由于系统输入/输出的动态变化，以及基于环境作用的主体间变化，使

复杂工程系统始终存在于动态的不确定性中，因此在选择复杂工程系统的任务决策时，在寻优的过程中无法找到最优解，复杂工程系统效能指标没有唯一解，即没有最好只有更好，效能指标的完成要根据任务和环境的变化动态调整，只能在不确定中适应性地选择次优解。

（3）涌现性和有机性相统一

复杂工程系统主体间的相互作用是系统涌现演化的基础，这些相互作用的规则和流程是使系统在受干扰，或旧主体退出、新主体进入系统时保持复杂工程系统秩序的有序，就像自然生态的自我修复。

7.4 复杂工程系统设计新要素的提出

基于复杂工程系统的实践，笔者对复杂系统的本质和规律有了更深刻的认识，并对复杂系统的分层、规则等提出了自己的观点。为继续做好创新和实践，我们认为需进一步探索数据驱动（Data-driven，简称 D）、有机生命力支持（Survivability-support，简称 S）和环境协同（Environment-coordinate，简称 E）的复杂工程设计的新要素。

7.4.1 数据驱动

随着数据存储能力、运算能力和先进算法的快速发展，人们提出了科学研究的第四范式，即"数学密集型科学"。在人类科学发展历史上存在着三种范式。第一范式为经验科学，是指数千年以来，人们通过观察经验来描述自然现象，如制定历法等。第二范式为理论模型科学，从牛顿时代开始的，人们通过归纳法建立数学理论模型来描述客观规律，如牛顿力学三定律中的理论公式等。第三范式是计算与模拟科学，在数十年前，由诺贝尔奖得主肯尼斯·威尔逊提出，通过计算机模拟计算来研究客观规律。而到了当前的大数据时代，图灵奖得主，詹姆斯·格雷提出了通过大数据分析建立相关性模型，而非精准的因果模型来研究客观规律的第四范式"数据密集型科学"。

传统的科学研究首先通过归纳推理建立模型假设，再通过现场试验或计算机模拟来对假设模型进行验证与修正，最终建立精确的解析模型。但传统方法在面对复杂系统对象时遇到了困难。

首先，对复杂系统来说，因为其非线性的性质，即使是确定的解析式，也存在对初值敏感的不确定性，即混沌，更何况一般情况下非线性系统变量

之间的解析关系无法通过归纳推理给出。其次，对一些大尺度的地域分布系统来说，存在非局部性长期相关性，但研究人员的视野往往局限于系统的局部，系统内非局部变量之间的关联关系得不到很好的考虑，从而影响了对系统全局的认识。最后，复杂系统的动态关系往往涉及多维变量，而人类对维数的认知局限在空间的三维与时间维上，多维变量模型的归纳推理挑战了人类的直觉。而大数据分析技术很好地解决了这些问题。

大数据强调数据之间的相关性，而不是直接的因果关系，因此通过大数据分析，不需要建立精确的解析模型，也能对系统的状态与行为进行预测，只要收集的数据足够全面，非局部的相关性也能在大数据分析算法的运算下无处遁形，而且大数据分析处理的是任意多维数据之间的相关关系。因此在大数据分析技术的支持下，工程人员能够从杂乱的数据中看到复杂工程系统内部隐含的规律性。为复杂工程系统的需求分析、模型构建与效能验证提供方法支持。

7.4.2　有机性

通过上面复杂工程系统的复杂性层次分析可以知道，在复杂工程系统中因为加入了人的设计因素，使得复杂工程系统具有了一定的自适应能力，而自适应能力是生命系统才具有的有机特性。

有机性是复杂工程系统提升自身可靠性与可用性的需要。复杂工程系统的工作环境是持续变化的，超出常规的异常情况也可能随机出现，所以在工程系统设计过程中应该赋予其一定的感知环境变化和动态调整自身的能力，提高工程系统对工作环境的广泛适应性。

复杂工程系统的故障是无法避免的，一方面，由于复杂工程系统自身的材料特性，材料属于无机物质系统，具有自组织复杂性与熵增复杂性，材料的磨损、形变无法避免；另一方面，由于复杂工程系统中软件系统属于逻辑的产物，必然存在设计缺陷，因此赋予复杂工程系统一定的感知和评估自身状态的能力，并在需要的时候采取措施，从而规避故障的发生或故障发生后在一定程度上自动恢复，从而提升工程系统的可用性。

7.4.3　环境协同性

根据霍兰的复杂适应系统理论，系统总是在不断适应外部环境的变化中演化发展。环境既包括复杂工程系统工作的外部自然环境，也包括复杂工程

系统交互或对抗的外部系统环境。复杂工程系统设计必须考虑这两种外部环境对自身工作与能力的影响。

外部自然环境是系统工作的自然条件。通常包括温度、湿度、盐雾、振动、光照、电磁环境等。特别是对海上装备来说，各类自然条件都比较苛刻，严重影响装备系统的正常使用，如高温、高湿和盐雾条件容易让电子元器件腐蚀，导致短路或断路，船体的摇摆振动容易让设备紧固部位出现松动或形变，船上密集的电子设备产生的电子辐射干扰，容易影响电子器件功能的发挥。因此舰船工程装备使用前必须经过严格的环境试验验证。

外部系统环境包含系统所处的所有交互主体，既包括与系统交互的我方主体，也包括与系统交互的对方主体。特别是对现代作战装备系统来说，要验证装备系统的作战能力，必须在实际对抗中开展。装备研制阶段由于缺少与对方装备对抗验证的环节，因此必须构建模拟蓝军装备体系，作为装备研制过程中对抗验证的对象，使得复杂工程系统在与蓝军装备的对抗演练中得到验证与提升。

7.5　本章小结

本章在分析总结航空指挥和保障系统设计实践经验和探索创新的基础上，提出了一种专门针对复杂工程系统的设计方法，面向复杂系统的四个主要要素：能力、架构、模型与流程，分别是面向能力、基于架构、模型支持与流程连接，这四种方法结合常规的系统工程过程，形成了一种面向复杂工程系统复杂性与不确定性的工程方法，即 CAMP 方法。并以上述设计理论方法为指导，搭建了复杂工程系统一体化综合设计平台，进而分析了现有设计理论方法的优势和不足，为后续开展复杂工程系统复杂性、适应性和自主性的研究提供了基础和借鉴。同时，我们通过对复杂工程系统的复杂性进行了再认识，提出了工程系统的复杂性层次分类，然后以计算机为中心的复杂工程系统模型为依据，进行了复杂性分析，并创新提出了复杂工程系统的适应性机制，即建立适应性机制的规则类别。最后，我们根据对复杂系统的新认识，提出了复杂工程系统设计的新要素，包括数据驱动、有机性和环境协同性，为后续开展复杂工程系统设计方法研究打开了新的思路。

第8章

从降维解析到映射升维的复杂工程系统"V++"模型

"航母工程"实践中笔者发现，采用传统"围绕平台设计装备"的思路难以实现舰机平台高度融合并达成航空母舰顶层作战能力的目标。在航空指挥和保障系统研制工程实践中，为实现航空母舰舰载机高效的出动架次率，综合各系统和要素呈现出运行的独立性、行为的涌现性和人机交互的多样性等特点，继续采用传统的降维解析方法无法根本解决复杂工程系统的实质性特性，前期工程实践总结的 CAMP 复杂工程系统核心元素模型和系统工程全生命周期的 V 模型仍然存在较大的局限性。如何根据复杂系统的本质特性扩展复杂工程系统设计的核心元素、如何从适用于系统工程的 V 模型向适用于复杂系统工程的新模型发展成为必然趋势。为此，我们必须换个角度思考问题，必须变降维为升维、变解析为映射！

8.1 传统 V 模型应用于复杂工程系统分析

V 模型是传统系统工程的基础模型，无论是 INCOSE 的系统工程手册[6]还是 NASA 的系统工程手册[7]，其技术过程都是按照 V 模型的过程模型来组织和管理的，以 NASA 系统工程模型为例，分为需求定义流程、技术方案定义流程、设计实现流程、评价流程和产品交付流程（见图 1-7）。

V 模型本质上是一种还原论的方法，将复杂的系统分解为更小的部分，分别设计，然后集成为系统整体，再进行验证与确认。在系统复杂度小的时

候，该方法被证明是非常有效的，但在应用到复杂系统工程中时，还存在一些不足。

① V模型过程是一种先通过降维分解，再进行集成验证的过程，分解过程不可避免地破坏了复杂工程系统成员系统之间的联系性，会造成系统整体性缺失。在第1章我们分析了传统V模型的降维解析过程，一是在系统的参数维度上，分解过程将复杂的多维度系统分解为多个小维度子系统或部件，实现了降维。二是在时间维度上，静态分解过程影响了系统在时间上的动态演化特征，实现了降维。V模型的降维解析过程实质上是规避了系统的复杂性，并不是应对系统复杂性的最优选择。

② V模型中的分解是一种简单的、静态的分解，不考虑系统成员之间的动态交互，而复杂工程系统的顶层能力是成员系统协作动态涌现出来的，因此复杂工程系统的能力无法通过V模型的分解方法来开展。这样在复杂系统工程中就面临一个现实问题：因为在系统论证阶段对应的是系统在典型任务剖面中的能力指标，而系统需求分析时需要将能力指标分解为复杂系统内部各成员系统的功能指标，对传统的静态分解来说是一个难以解决的问题。归根到底还是系统指标降维分解之后如何升维回溯到预期状态的问题。

③ V模型是一种顺序过程，到研制阶段后期，等到复杂工程系统集成完成后才能开展顶层能力验证，一旦有大的修正，导致代价大、效率低。对复杂工程系统来说，一般情况下都是由多家承研单位协作完成的，系统总体很重要的一个工作便是确保分别研制的各分系统在集成后能够实现预期的整体目标，但传统的系统工程方法缺少"硬核"的方法和手段，只能寄希望于大家都按照分解的指标保质保量完成，但对源头的指标分解来说，本来就不能保证一定准确，因此如何在复杂工程系统的研制过程中及时集成验证各部分的研制成果，并及时纠正偏差也成为复杂工程系统研制管理的关键。

8.2 从 CAMP 到 DE-CAMPS 的"映射升维"

8.2.1 从"降维解析"到"映射升维"的复杂系统工程

我们将V模型应用于复杂工程系统分析中可以得到，传统的"降维解析"方法最大的难题就是如何在设计过程中正确地"升维"到复杂工程系统预期

的状态。包括系统参数维度、时间维度、指标维度和系统层次维度，其中参数维度与系统层次维度是一件事情，因为系统参数的分离是随着系统层次的分离同时发生的，因此我们在考察复杂系统工程过程时，需要针对时间维、指标维和系统层次维上的降维解析情况分别考虑，寻找适宜的"升维"方法。在前面提到的 CAMP 复杂工程系统模型方法中虽然我们只能说是部分解决了"升维"的问题，但也是一次非常可贵的探索。

首先，面向能力的方法部分解决了指标分解与验证的问题。针对复杂工程系统规模大、层次多的特点，我们提出了基于 DOE 试验设计和统计分析的单因素灵敏度分析方法，将试验设计、统计分析引入效能评估分析中，主要用于评估分析在顶层指标分解的过程中，单个参数对系统特性的绝对影响，弥补了灵敏度分析法评估参数的局限性，使得效能评估的范围涵盖了复杂工程系统的所有输入参数，实现了复杂工程系统效能影响因素的科学定位，并通过面向效能的资源保障为例进行了设计实践，为复杂工程系统设计的整体性提供了量化数据支撑，实现了系统在指标维上的部分升维。

其次，基于架构的方法，构建了复杂工程系统组分的耦合，并通过多视图手段实现了系统层次维的升维；同时，基于模型支持的方法，使得构建复杂工程系统综合仿真平台成为可能，并通过数据驱动实现复杂工程系统的虚实映射。

再次，流程连接的方法通过构建涵盖人员、装备、作业环境等多个层面的综合 LVC 仿真环境，以系统综合效能指标为目标，以作业流程为纽带，在传统离散事件仿真的基础上，基于不断积累的内场仿真数据和外场试验数据，以及系统装备孪生数据，通过实现多战位"人在回路、数据在回路、装备在回路"的虚拟推演和综合评估，发现并挖掘系统要素间的显性和隐性的关联关系，进而实现对复杂工程系统隐秩序的显性映射。同时，通过复杂工程系统内部的流程设计，将系统内部各部分连接起来，构建出系统内部交互协同的自组织性特征，实现了系统时间维上连续的系统状态的推演。

最后，我们在第 7 章中叶提出了除 CAMP 对应的能力、架构、模型与流程这些核心元素之外，还应该增加数据驱动、有机性与环境协同三个新要素。

数据驱动主要应对复杂工程系统的非线性特征，对复杂系统来说，其非线性的性质决定了无法通过归纳推理的方式建立系统内部的解析式规律。而且对复杂工程系统来说，人思考的局限性使得系统内非局部变量之间的关联

关系得不到很好的考虑,从而影响了对系统全局的认识。同时,人类对维数的认知局限在空间的三维与时间维上,多维变量模型的归纳推理挑战了人类的直觉。而大数据分析技术能很好地解决这三个问题。因此数据驱动是实现系统"升维"的有效技术手段。

环境协同主要用于还原系统运行的环境,包含外部自然环境和系统运行的多主体环境。而有机性则是复杂工程系统自组织性与涌现性的综合体现,随着人们逐渐认识到赋予复杂工程系统一定的自适应能力,可以提升系统适应环境变化与外部输入变化的能力。人们逐渐从系统故障的事后处理,发展到事前监控与预防,再到故障发生后的自动恢复发展,自适应性也理所当然地向更多的包括自感知、自恢复、自优化的有机特性发展。有机性已成为复杂工程系统设计的目标之一,因此有机性是实现系"升维"的重要目标。

而有机性则是复杂工程系统自组织性与涌现性的综合体现,随着人们逐渐认识到赋予复杂工程系统一定的自适应能力,来提升系统适应环境变化与外部输入变化的能力。人们逐渐从系统故障的事后处理,到事前监控与预防,再到故障发生后的自动恢复发展,自适应性也理所当然地向更多的包括自感知、自恢复、自优化的有机特性发展。有机性已成为复杂工程系统设计的目标之一,因此有机性是实现系"升维"的重要目标。

复杂系统工程就是要在数据驱动与环境协同的共同作用下,通过能力分解与验证、通过架构的多视图描述与融合、通过流程建模与连接、通过模型优化,再通过有机性特征的构建,共同实现对复杂工程系统"降维解析"之后的"映射升维"。

8.2.2 复杂系统工程特征分析

复杂系统工程过程是分层级的,分为复杂系统总体层与系统层。复杂系统总体层的工程过程将系统的顶层能力要求分解为成员系统的功能需求,以作为系统层系统设计的输入,待系统层提交后,再组织进行系统的集成、验证与确认工作。而一旦进入系统层级,便可采用成熟的系统工程方法进行指导。在实际工程中,复杂系统总体层的工程活动由"系统总体"的部门来实施,而系统层则由各个系统的研制部门来实施。这构成了复杂系统工程工作实施的成员结构,这种结构也给复杂系统工程的管理带来了复杂性,不同设计部门之间的利益冲突常常会给"系统总体"的管理工作带来"非技术性"障碍。

复杂工程系统的成员系统，不仅是异构的，它所处的工程阶段也可能不同。复杂工程系统不是从零开始构建的，成员系统一般包含三种情况：一是全新开发的系统，为满足系统总体的能力需求，需要新开发一种新系统；二是适应性改进的系统，根据系统总体的能力需求，对现有系统提出了功能改进需求；三是直接沿用的系统，现有系统能够满足复杂工程系统总体的要求，但需要进行验证。因此复杂工程系统的成员系统应该根据自身的需求状态选择恰当的工程过程，而且系统总体层对系统层的管理也需要区别对待。

8.2.3　复杂工程系统核心元素 DE-CAMPS 模型

复杂系统工程的关键在于系统总体层的工程过程。考虑复杂工程系统与复杂工程系统工程的特征，这里总结了在系统总体层开展复杂工程系统总体设计的关键过程。

对复杂工程系统构建来说，能力是复杂工程系统需求背后的真实目的，因此能力是正向设计的起点。当然，对复杂作战系统来说，为了达成系统顶层的能力要求，一般需要一个杀伤链逻辑，这个逻辑可以总结为作战概念，这个逻辑也为复杂工程系统框定了一个大体的架构，杀伤链上的每一个环节代表了同类型的一系列武器，每个环节选择好武器后就形成了作战系统的一种组合配置。作战系统能力是通过成员系统之间的能量流、信息流与指挥流的协同配合（系统的业务流程）达成的。无论是提升设计效率，还是后续的智能学习，都离不开建模技术，基于模型的系统工程，为复杂物理系统建立信息空间映射模型，都是系统设计中的重要内容。而通过赋予作战系统有机生命力特性，来提升复杂工程系统的弹性与学习能力则是未来作战系统演进的必然方向。最后，以上设计活动都离不开数据的支持，通过对现有系统的数据收集与分析来为复杂系统设计提供能力需求支持、模型支持与流程优化支持。综上，我们可以在传统系统工程的过程模型的基础上，针对复杂工程系统的特征，从面向能力（Capability-oriented）、基于架构（Architecture-based）、模型优化（Model-optimization）、流程连接（Process-connected）、生命力保障（Survivability-support）、数据驱动（Data-driven）以及环境协同（Environment-coordinate）几个方面去开展工作，从而提出新的复杂工程系统工程构建过程模型，即 DE-CAMPS 模型。

（1）面向能力（Capability-oriented）

复杂工程系统是完成特定使命任务的系统集成体，使命任务的达成需要

一定的能力项，因此能力是复杂工程系统的顶层需求，是设计复杂工程系统的抓手和依据。

将复杂工程系统的使命任务转化为能力项需求，有两种维度的分解方式，一是基于任务来设计能力，需要在典型任务场景下，分析完成典型任务所需的能力项，能力项一般具有层次关系。为了更好地支撑能力项的分解，应该整理出领域内的基本能力包，分析人员时参考基本能力包来进行能力项选择。二是基于效能来分解能力指标。适用于相似复杂工程系统迭代设计过程中对复杂工程系统内各系统的技术指标比较清楚时，可将复杂工程系统使命任务对应的整体效能逐层分解到系统具体的技术指标，用于指导设计。

（2）基于架构（Architecture-based）

复杂工程系统架构是指复杂工程系统的组成以及组成之间的耦合关系。通过对复杂工程系统能力的分解，得到了复杂工程系统的能力集合，并依此作为复杂工程系统组分系统的选择依据。待组分系统确定后，下一步便是设计组分系统之间的耦合关系，由于复杂工程系统一般具有地域分布性，因此系统之间的耦合关系通常是通过信息交换的方式来实现的。复杂系统架构设计通常采用多视图建模方法，其中最著名的是美国国防部架构框架标准，即DoDAF。

DoDAF 的初衷是为指导美军 C^4ISR 系统的开发、描述和集成定义的一种通用架构方法，并给出了如何规范化表示系统结构描述、表示系统架构的规则以及统一术语等内容。

DoDAF 2.0 版实现了从前期的"以产品为中心"（Products-Centric Approach）的视图产品开发模式向"以数据为中心"（Data-Centric Approach）开发模式的转变，将 DoDAF 1.0 版、DoDAF 1.5 版中的视图产品由 3 类扩展到 8 类，共 52 种视图模型产品。

（3）模型优化（Model-optimization）

模型是复杂工程系统物理实体规律的反映，基于模型驱动的系统工程方法（MBSE）既提供了一种统一的复杂系统设计模型语言，便于项目组员之间沟通确认，又提供了一种经验累积和可重用平台，提高了效率，积累的模型数据可作为组织的资产供后续项目使用。基于模型的复杂工程系统设计过程通过从组织级的模型/需求库中获取已有的模型来提高当前设计的效率。组织可通过建设复杂工程系统模型平台，将复杂工程系统需求形式化表述，

并通过模型逻辑分层逐次落实到设计过程，保证复杂工程系统设计的一致性、严谨性、可闭环验证性、可追溯性。在复杂工程系统设计实践中，一般可按照个体空间、环境空间、群体空间、活动空间及推演空间分别构建复杂工程系统模型。

- 个体空间模型：在实体空间获取对象机理数据，并建立的定量化的分析模型，如舰载机、保障设备等模型。
- 环境空间模型：在实体空间获取内外环境数据，建立的环境与个体/群体效能之间的量化关系，如海洋环境、电磁环境等模型。
- 群体空间模型：在实体空间获取集群运行数据，从大量对象在不同环境下使用的数据中挖掘普适性规律，如舰载机故障概率、人员疲劳等统计模型。
- 活动空间模型：在实体空间获取任务活动数据，针对对象在环境中的活动状态，提取群体对象中的活动特征并进行关联，如起飞过程、回收过程等模型。
- 推演空间模型：集合上述模型，根据内外部需求，围绕一定的目标建立的量化决策模型。如出动回收任务、舰面调度等模型。

（4）流程连接（Process-connected）

流程是指复杂工程系统为完成使命任务，各操作人员与各成员系统人-机、机-机之间交互与协作的过程，是系统状态转变的内在驱动力。流程又是复杂工程系统内部各部分的黏合剂，无论是系统的涌现性还是自组织性都是通过流程实现的。流程设计需要考虑合理性、高效性和安全性，可基于BPMN 或 Petri 网等流程建模方法来设计相应的流程建模工具，用来建立和评价流程的合理性与效能，也可设计面向领域的流程编排工具与流程仿真工具来展示流程设计的效果，并评估流程的效能。

（5）生命力保障（Survivability-support）

自然界生命有机系统能够感知外界环境与自身状态，对外界刺激做出恰当的反应以维持自身的平衡与稳定，遭破坏后能够自我恢复到另一稳定的状态，能够积累经验指导后续行为优化，长期的代系更替能够实现生态系统的进化。类比自然界生命有机系统的有机特性，通过制定一定的规则，采用一定的控制机制、技术框架与技术手段，使得复杂工程系统导向涌现（Directed Emergency）出生命有机特性来，从而形成一种有机的工程系统，这就是生命力理论的研究内容，如图 8-1 所示。在当前的技术条件下，将无机的工程

系统完整改造成为生命有机系统的过程应该是一个循序渐进的过程，这里按照先易后难的策略，将生命力分为 4 个层次，分别是生存力、恢复力、学习力与进化力，每个层次都有对应的有机特性属性，具体见 9.2 节。

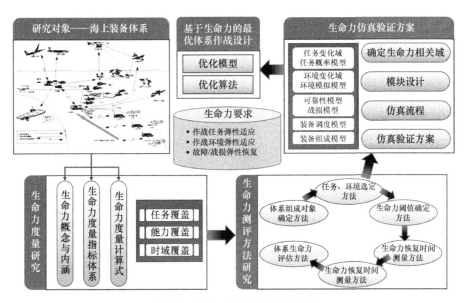

图 8-1　生命力理论模型示意图

（6）数据驱动（Data-driven）

数据是获取能力需求的来源，是构建模型的基础，是流程优化的依据；也是构建虚拟空间映射系统时，提炼知识的基础。数据驱动主要针对复杂工程系统的非线性特征，建立系统内部变量之间的相关性关系，而不是精确的解析式关系，帮助设计人员突破思考的局限性，使得系统内非局部变量之间的关联关系与隐含的秩序也能得到很好的考虑和显性化表达，从而加强对系统全局和规律的认识。同时，也能帮助设计人员突破维数的认知局限，是实现系统"升维"的有效技术手段。

（7）环境协同（Environment-coordinate）

环境是复杂工程系统能力生成的关键因素，根据霍兰的复杂适应系统理论，复杂系统在对环境的适应中不断进化，因此环境协同是系统能力的生成、验证与确认必不可少的条件。环境协同中的环境包括外部自然环境和系统运行的多主体环境。外部自然环境通常包括温度、湿度、盐雾、振动、光照、电磁环境等；外部多主体环境包括与系统交互的我方主体，也

包括与系统交互的对手主体。复杂工程系统只有在环境的协同下，才能涌现出其实际的顶层综合效能来，因此环境协同是实现系统"升维"的必备条件。

将复杂工程系统构建过程中 7 项关键要素整合起来，创新性地提出了复杂系统工程核心元素模型 DE-CAMPS，如图 8-2 所示。

图 8-2 复杂系统工程核心元素模型 DE-CAMPS

8.3 复杂工程系统工程构建过程 "V+" 模型

根据上面对传统 V 模型在支持复杂系统工程时的局限，并考虑复杂工程系统工程的特点，我们以传统 V 模型为基础，对 V 模型进行了改进，建立了"V+"模型。

8.3.1 复杂工程系统顶层的业务流程模型

基于复杂工程系统的业务流程，在复杂工程系统顶层建立复杂工程顶层的仿真模型，并随着复杂工程系统设计工作的逐步推进，不断更新模型的颗粒度，提高复杂工程系统模型仿真数据的真实性。构建复杂工程系统顶层业务流程模型具有以下几个作用：一是通过业务流程建模，实现了复

杂工程系统的整体性和涌现性特征，避免了 V 模型在分解过程中造成的整体性缺失；二是用于复杂工程系统的能力分解与验证，解决了传统 V 模型分解时的静态分解问题；三是可随时对复杂工程系统的能力进行仿真验证，评估复杂工程系统设计对能力要求的满足程度，避免传统 V 模型中只有等到复杂工程系统集成完成后，才能对复杂工程系统能力进行验证的问题。当然，复杂工程系统顶层业务流程模型的建立，需要必要的建模输入，参与复杂工程系统工程的各部门需要共同协作，支持复杂工程系统总体管理部门，共同维护该模型。

复杂工程系统顶层业务流程模型的构建采用多主体建模技术，多主体建模中强调主体（Agent）的自主性（Autonomy）、应激性（Reactivity）和主动性（Pro-activeness）[36]，这些恰恰是复杂工程系统中成员系统本身就具备的特点，因此，复杂工程系统建模可以采用多主体建模技术。复杂工程系统顶层业务流程建模过程如图 8-3 所示，包括：

① 分析复杂工程系统顶层的业务流程；

② 梳理建模需要的 Agent 对象，提炼 Agent 自主性特征，建立 Agent 模型；

③ 根据业务流程梳理出 Agent 间的协作模型；

④ 建立复杂工程系统能力指标的评估模型；

⑤ 建立复杂工程系统的视景展示模型。

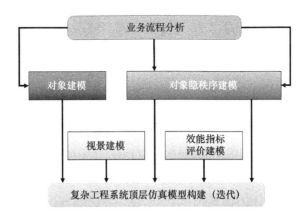

图 8-3　复杂工程系统顶层业务流程建模过程

8.3.2　统一信息空间

复杂工程系统工程中涉及多个不同部门之间协同工作,为确保所有团队获得一致的设计输入,复杂系统工程总体管理部门建立统一信息空间数据库。在复杂工程系统工程的过程中,统一信息空间数据库收集、存储和配置管理复杂工程系统与所有成员系统有关的设计输入、中间产品和最终产品相关的数据。数据库分为公共区与授权区两类,各参研单位根据所负责的系统任务,获取相应的访问权限。

统一信息空间数据库持续为复杂工程系统顶层多主体建模提供输入,并支撑顶层多主体模型不断迭代更新,确保该模型始终体现系统设计的最新成果。

8.3.3　复杂工程系统构建过程 "V+" 模型

根据上面的分析,我们尝试建立一个完整的复杂工程系统工程过程模型。

首先,该模型包括复杂工程系统系统级工程过程与总体级工程过程两个层次。在系统级,按照系统的状态分为新开发系统、适应性改进系统和重用系统,不同类型的系统按照不同的系统工程过程进行管理。例如,作为重用系统,只需开展需求分析、需求评估、验证与确认以及移交四个工程过程。在总体级,按照复杂工程系统工程的核心元素模型 DE-CAMPS 模型,其中建立统一信息空间数据库和环境协同是公共过程,为其他过程提供支持,并加上常规的复杂系统集成、验证与确认以及系统的运行维护,构成复杂工程系统的过程 "改进 V" 模型。

其次,由复杂工程系统总体级管理部门使用多主体建模技术,在复杂工程系统顶层建立系统顶层的业务流程模型,该模型随着复杂工程系统设计的推进,从粗粒度模型逐渐更新到细粒度模型,该模型保留了复杂工程系统的整体性与涌现性,同时也可支持复杂工程系统能力指标的分解与确认。

最后,由复杂工程系统总体级管理部门建立统一信息空间数据库,该数据库收集、存储和配置管理复杂工程系统总体级和所有成员系统有关的设计输入、中间产品和最终产品相关的数据。为复杂工程系统模型的建立和更新

提供数据支持，为各系统成员提供统一的设计输入。并对数据库进行权限管理与配置管理。

我们建立的复杂工程系统工程的"改进 V"模型如图 8-4 所示，因为系统顶层业务流程模型与统一信息空间数据库之间构成了一个形象的"+"号，所以称为复杂工程系统构建过程的"V+"模型。

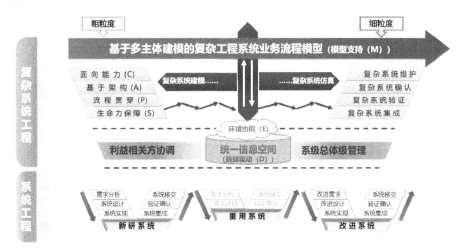

图 8-4　复杂工程系统构建过程的"V+"模型

8.4　复杂系统工程全生命周期"V++"模型

8.4.1　"V++"模型架构

在推进复杂工程系统升维设计的探索中，以及在复杂工程系统数据驱动的流程 LVC 仿真系统实践中，笔者发现，数据驱动的作用越来越大。运用信息物理系统 CPS 技术架构和数字孪生技术，构建复杂系统基于流程的动态虚实映射关系，实现了复杂工程系统从解析到数据映射的转换，进而实现了复杂工程系统从降维到升维的跃迁。为此，我们提出了复杂系统工程全生命周期的"V++"模型，如图 8-5 所示。

① 在复杂系统总体层：依据复杂系统工程核心元素模型（DE-CAMPS 模型），在顶层业务流程模型和统一信息空间数据库的支持下，完成复杂工程系统能力需求分解，系统架构设计、系统业务流程设计、系统生命力保障设计、系统集成、系统验证与确认以及系统的维护，并重点关注利益相关方

的协调与系统级管理工作。

② 系统工程层：根据复杂工程系统内部成员系统的特点，按照新研系统、改进系统和重用系统三种类型开展系统工程的过程裁减。

③ 虚拟映射空间：通过模型映射、数据认知、知识沉淀和自主学习，将复杂工程系统改造成一种数字孪生的有机工程系统，解决复杂工程系统的虚实映射、隐秩序发觉和动态演化管理问题。

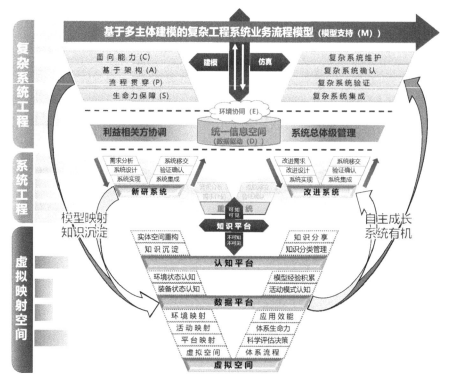

图 8-5　复杂系统工程全生命周期的"V++"模型

"V++"复杂工程系统全生命周期模型的三层要素构成两个重要的"＋"过程：

复杂工程系统构建过程+：是指复杂系统工程总体层和系统工程层相互作用实现复杂工程系统构建的过程。该过程的实现采用"V+"复杂工程系统构建过程模型，通过面向能力、基于架构、模型优化、流程连接、数据驱动、环境协同与生命力保障等核心元素，设计和实现复杂工程系统物理实体的集成与验证。

复杂工程系统演化过程+：是指复杂工程系统工程总体层、系统工程层

共同构成的物理实体空间和虚拟映射空间相互作用实现 CPS 的过程。该过程的实现采用生命力演化理论，构建信息空间的智能数字化虚拟映射体，通过复杂工程系统的数字孪生映射实现自主学习，不断迭代演化，将物理复杂工程系统中不可见的秩序变为可见，不可知的规律变为可知，解决不可见、不可知问题，促进复杂工程系统的不断进化，使复杂工程系统具有自感知、自恢复、自学习等有机特性，从而实现对复杂工程系统的动态演化管理。

8.4.2 "V++"模型与 DE-CAMPS 模型的一体两面

如果说复杂工程系统 DE-CAMPS 核心元素模型实现的是复杂工程系统子系统与系统总体实体之间的"映射升维"，"V++"模型则是在其基础上，更进一步通过构建虚实映射的复杂工程系统数字孪生模型，实现了虚实空间的"映射升维"，即在数字空间实现了复杂工程系统的维度还原。

构建复杂工程系统数字映射模型系统的意义是不言而喻的，因为在数字空间里，我们既可以与物理系统并行运行，根据建立的故障预计模型及早发出系统故障警告，避免系统失效带来的损失；也可以运用几乎无限且廉价的算力，开展系统的仿真运行，并利用积累的已有系统运行的大数据，总结出系统内部的隐秩序规律，用于现实物理系统的改进，并可通过不断的迭代优化过程，推动物理系统实现演化发展。这个过程正是 DE-CAMPS 模型中生命力理论的核心要义。因此我们说，"V++"模型与 DE-CAMPS 模型其实是统一的，都是强调运用虚实映射的系统架构实现系统生命力的提升，只是"V++"模型侧重于全周期，而 DE-CAMPS 模型侧重于核心要素，它们是解决复杂工程系统工程问题的一体两面。

8.5 本章小结

本章全面回顾总结了笔者在复杂工程系统实践与创新过程中的方法和思考，分析了传统 V 模型应用于复杂工程系统时存在的在时间维、指标维和参数维上"降维解析"之后存在的"升维"难题，在航母工程实践过程中建立的 CAMP 方法基础上，大胆提出了一种 DE-CAMPS 模型方法，从面向能力、基于架构、模型优化、流程连接、生命力保障、数据驱动和环境协同 7个方面进行综合的"映射升维"。同时，在对系统工程 V 模型的再认识中，

提出了复杂工程系统构建过程的"V+"模型与全生命周期"V++"模型，并阐述了 DE-CAMPS 模型与"V++"模型是一体两面的关系，强调运用虚实映射的系统架构实现复杂系统的有机升维。本章内容积极探索了传统系统工程理论向复杂系统工程理论的再创新，探索并形成了一套来源于工程实践的复杂工程系统理论与方法！

第 9 章

展望

实践是检验真理的唯一标准！笔者在复杂工程系统原理探索的道路上，很幸运的是遇到航母工程的伟大实践，给我们大胆的假设提供了绝好的检验与迭代的机会。在十几年的工程实践中，我们对复杂系统本质有了更全面深刻的认识，除传统的系统性、涌现性、非线性等特性外，还重点挖掘出有机性、次优性和自组织性，把复杂系统的原理从无机为主向有机无机融合做了新阐述。在这样新的认识论的指导下，我们在工程实践中一路走来，丰富完善了复杂工程系统设计的 CAMP 方法为 DE-CAMPS，并在系统工程 V 模型的基础上升维了"V+"模型和"V++"模型，第一次系统总结了复杂工程系统的原理和设计方法；第一次比较全面地提出了揭示复杂系统本质的系统性、规模性、不确定性、次优性、有机性等九大主要特性；第一次针对复杂系统主要特性应该构建复杂工程系统适应性机制；第一次提出了构建复杂系统适应性机制建议遵循的主体熵减规则、能力包最小规则等七大规则；并第一次提出了解决复杂系统有机性本质的生命力理论。

一路走来，我们庆幸自己赶上了复杂性研究的大好时代，我们欣慰于艰苦的实践给我们的超值回报，但同时我们也清醒的认识到，在通往理论的道路上，我们只是起了步，很多观点可能只是以管窥天、一孔之见。展望未来，如何在复杂性研究的道路上走得更远，就需要更多的人参与，也需要更多的实践检验。一方面复杂工程系统向更复杂、更智能方向发展，另一方面实践运用提出更普适性要求，这就需要将复杂系统工程核心元素模型 DE-CAMPS 模型与全生命周期模型"V++"模型进行设计平台的构建，通过对适应性机

制构建的规则的研究开发出通用化的工具平台为更多实践所用，进而促进复杂系统生命力理论的成熟与完善。

9.1 从复杂工程系统到复杂工程体系

9.1.1 体系概念的提出

随着技术的发展与人们改造客观世界的需求不断增加，人们不断将各个复杂工程系统集成为更为复杂的工程体系。特别是在军事领域，各类以联合作战为核心思想的作战概念层出不穷，将各物理域独立的武器平台通过网络连接起来，进行交互协同，共同完成更高层次的联合作战任务。在拉开现代化战争序幕的海湾战争中，美军首次实现了三军联合作战，同时也认识到联合作战对于提升作战能力的重要性。后续美军推出的多种作战概念都沿袭了联合作战的指导方针，如陆空战、空海一体战、网络中心战和多域战等。装备的研制过程通常使用系统工程方法来组织和管理，美国国防部在组织联合作战装备研制过程中发现，传统的系统工程方法遭遇到了管理瓶颈，需要用一种新的概念来描述联合作战系统，这就是体系（System of Systems，SoS）。

美军提出了三军联合作战的顶层概念，并形成了一系列由各军兵种武器平台共同组成的更高层级的装备系统，虽然提升了作战能力，但也带来了一系列的管理问题。因为武器平台来源于不同军兵种，一方面，每种武器平台都有其自身的维护团队和管理团队，而且需要满足该武器平台原来承担的任务能力要求；另一方面，为满足联合作战的要求，美国国防部还会给每个武器平台提出额外的协作要求，需要增加新的功能或修改原有功能属性。每一个武器平台都面临着取舍的难题，这给美国国防部的管理带来了很大的麻烦。让他们意识到多武器平台组成的新高级系统应该给出一种新的定义，并研究新的开发模式和管理模式来应对。与之对应的开发和管理模式，美国国防部称为 System Engineering for SoS（体系工程）。

9.1.2 工程系统、复杂工程系统与体系的关系

Maier 总结了体系区别于系统的五个特征[39]。

① 运行独立性（Operational Independence）：任何组成体系的成员系统是独立的，即使将体系拆分后，成员系统运行时也能找到自己的价值。

② 管理独立性（Managerial Independence）：尽管与体系中的其他成员

协作，但单个系统是自治和独立管理的，因此它们"不仅能独立运行，而且确实是独立运行"。

③ 进化式的发展过程（Evolutionary Development）：一个体系的目标和功能会一直变化，他们能够根据经验增加，修改或删除。从这个意义上讲，体系的存在和发展是进化式的，体系的状态没有完成式。

④ 行为涌现性（Emergent Behavior）：通过体系内系统间的协作，达成协同以完成单个系统无法完成的目标。

⑤ 地理分布性（Geographic Distribution）：在体系中相互协作的各部分分布在很大的地理范围内。尽管地理范围定义得模糊，但强调了协作的系统智能交换信息，而不能交换大量的物质或能量。

其中最本质的是第一点与第二点，即运行独立性与管理独立性。对系统来说，组成系统的子系统之间是强耦合的，系统缺少哪一部分都会影响系统功能，而且系统的管理方只有一个主体。而对体系来说，每一个成员系统都是一个独立的主体，都有自己的管理方。体系的成员系统之间是松耦合的，多一个成员系统或少一个成员系统，可能对体系整体的能力影响不大。由这两点引出了体系与系统的另一个重要区别，即是否有确定的需求边界。系统是有确定的需求边界的，在系统需求开发时会严格定义。但体系没有严格的需求边界，多一个成员系统或少一个成员系统，体系还是那个体系。

进化式发展过程是体系构建过程中的重要特点，但不能作为区分体系与系统的特点之一，因为系统构建如果采用敏捷式开发模型的话同样具有进化式发展过程。但体系构建中这一点体现得尤为突出。通过"舰队防空力量的体系化思考"中对 NIFC-CA 体系的初始状态和当前状态的比较，可见随着体系中已有武器平台的更新换代，以及不断有新的武器平台加入体系中，改变了体系的状态和运行过程，推动着体系能力不断向前发展。

行为的涌现性也是体系与系统的重要区别之一。系统的行为基本都在设计之内，或许对于部分的故障情况存在未曾考虑过的系统运行路线，但总体上未知的涌现性有限。而对体系来说，因为体系的成员系统大都来源于不同的管理者，体系总体在设计时考虑较多的是系统对体系有贡献的部分，对独立运行、自主管理的成员系统来说，参与体系能力形成之外的功能很可能给体系带来不确定的行为涌现。随着体系规模的扩大，这种不确定性也逐渐增加。

地理分布性具有一定的历史渊源，它来源于三军联合作战时武器平台往

往是分布式的，陆、海、空、天、潜，不同武器平台具有地理分布性，但对体系来说，未必一定要具有地理分布性才能成为体系，只要是由多个独立的系统组成的具有特定能力的系统集合，即使在同一地域，也是体系。

除上述 Maier 总结的 5 点区别之外，体系与系统的区别还体现在自组织特性上。随着体系规模的扩大，特别是大量无人平台加入体系中，体系的自组织性尤为凸显。部分成员系统的退出或加入会让体系演化成新的形态，这种演化是体系内部自组织完成的，体系内部的自组织规律便是霍兰提出来的复杂适应系统内部的隐秩序。体系内大量自主性的自组织行为既给体系的管理带来麻烦，同时也为体系涌现出类似于自然界的有机特性提供了基础条件，工程体系将成为一种能够适应外部环境变化，表现出有机生命特性的主体。

从体系与工程系统的区别可以看出，体系一般情况下都不是从零开始构建的，体系是为达成单个工程系统无法完成的更高层次的任务，而将多个已有工程系统集成起来协同工作而构建出来的。多个独立的工程系统集成在一起，构建的是复杂工程系统，而多个复杂工程系统构建的才是一个体系。

工程系统的特点多呈现出无机性，系统边界相对固定；复杂工程系统的特点是呈现无机与有机的融合，系统边界相对弹性；体系呈现的特点是有机为主，体系边界有很强的自组织调节能力，体系更像是一种有机的"生态"。

作为体系构建过程管理的体系工程，体系的这种"生态"特点，也决定了体系工程的主要内容是如何管理和引导好这种"生态"，使之成为一种具有一定适应能力的健壮体系。本书前述的复杂工程实践与理论方法总结，笔者认为很多都可以直接适用于体系，或在体系工程中能够得到进一步完善。

9.1.3　体系与体系工程

2004 年美国国防部发布了体系的系统工程指南[37]，有些学者也直接称作体系工程。该指南纳入了 Dahmann 教授提出的体系工程的核心元素模型[38]，具体包括以下 7 个核心过程。

① 转换能力目标（Translating Capability Objectives）：能力目标是体系存在的必要性，体系能力目标是整个体系工程的总目标，因此如何将体系的能力目标分解为成员系统的需求是体系构建的关键过程。

② 理解系统和关系（Understanding Systems & Relationships）：体系的能力目标是通过成员系统间交互与协作共同涌现出来的，因此成员系统之间

的关系是体系设计的重要内容。

③ 评估效能与能力目标（Assessing Performance to Capability Objectives）：体系工程的确认（Validation）过程是评估体系的效能输出对能力目标的满足程度，因此该过程也是非常重要的。

④ 开发、进化和维护体系架构（Developing，Evolving and Maintaining SoS Architecture）：体系一般都具有较为稳定的架构，体系的架构来源于现实的业务逻辑，而随着业务目标的变化，体系的架构会随之改变，需要持续维护。

⑤ 监视与评估改变（Monitoring & Assessing Changes）：体系是持续进化的，没有"完成"的模式。体系业务需求的改变，成员系统的升级以及非预期的涌现性的发现，都会带来体系的进化，因此体系设计者需要随时关注体系中的变化并评估变化对体系的影响。

⑥ 处理新的需求和要求（Addressing New Requirements & Options）：一旦体系中出现新的需求，设计者需要分析需求的影响和优先级，并协调新需求的利益相关方共同处理。

⑦ 组织体系的升级（Orchestrating Upgrades to SoS）：在发现和分析完体系新的需求后，需要对体系的升级工作进行计划与组织。

Dahmann 核心元素模型中的 7 个核心过程，可以总结为 3 件事情，分别是体系设计①、②、④，体系验证③和体系的进化升级⑤～⑦。该模型考虑了体系以能力为目标以及持续进化性的特征。Dahmann 在后续的研究中，根据体系进化升级的特点，还提出了体系工程 Wave 模型，生动展示了工程体系不断发现需求、处理需求、架构升级，以及体系不断进化的过程。但该模型也有两点不足之处：一是它并不是一个完整的体系工程模型，只是列举了体系工程中应该重点考虑的 7 个核心过程；二是它虽然提出了体系工程中的痛点，但未给出确切的解决方案。

9.2 SoSWARE 工具平台发展展望

9.2.1 SoSWARE 工具平台概述

传统的系统工程方法主要以文档为依托进行工程实施，自然语言的二义性或不同文档中功能参数状态描述不一致导致出现很多安全隐患。为此，美国提出了基于模型的系统工程（MBSE），强调从需求阶段开始即通过模型

的不断演化、迭代而实现产品的系统设计，采用形式化的模型来描述体系/系统，并基于模型完成从早期的功能行为逻辑验证。IBM 等公司在 MBSE 领域开展了相应平台工具的有益探索，推出了需求管理工具 Rational Doors、支持标准系统建模语言 SysML 的建模平台 Rhapsody。NoMagic 公司也推出了相关的平台 MagicDraw 等，解决了需求管理及基于模型的系统设计问题。在体系设计方面，Rhapsody、MagicDraw 等工具均支持 DoDAF 2.0、MODAF、TOGAF 等标准的体系架构建模。

传统的系统工程方法主要以实物产品集成作为验证手段，随着系统规模的扩大，实物验证带来的系统研制周期增长无法有效满足系统的研制需求。随着信息技术在工程系统研制中的深度应用，仿真等虚拟验证方法逐渐替代了实物试验手段。美国的 Temion 公司、Teledyne Brown Engineering 公司推出了 FLAMES、EADSIM 等仿真平台，解决了体系/系统仿真验证问题。

随着 PLM 技术的发展，产品全生命周期的数据管理已不能满足体系/系统研发需求，通过各环节工具的集成，将所有研发角色统一在一个平台上进行全周期的研发，并将数据等资源绑定到研发过程中，同时将技术管理过程和技术过程相结合，是大型工业软件公司的发展趋势。这对研发体系设计工具平台提出了新的要求。

这里提出的体系设计工具平台面向复杂工程系统与体系的，基于云架构实现资源（流程、工具、数据、模型、知识）的整合，利用组件化、大数据、人工智能等技术形成公共资源和服务，以 DE-CAMPS 与 "V++" 复杂工程系统方法论为指导，以制定适应性规则为基础，以构建适应性机制为目标的通用化设计平台，我们定义其为 SoSWARE 工具平台。依托该工具平台开展面向体系、复杂系统、系统、软硬件、仿真、通用项目管理等集成应用，形成自我学习、动态进化的自主知识产权的研发平台。并通过对协同研发平台的建设，将研发不同阶段需要的工具、资源、数据形成一个有效的整体，打通各个部门内研制过程中管理活动与工程化之间的各个环节，实现跨部门、跨专业的分布式、协同化工作环境，以实现体系工程真正落地。

9.2.2 SoSWARE 工具平台框架

平台以形成提供公共资源池和中央管控能力为目标，为各类科研人员和管理人员提供智能化的装备研制和全生命周期的服务支撑，形成面向不同专业业务的应用系统，提升研发和管理的效率，提高产品的质量，加速产业的

孵化。整个平台由基础资源层、公共资源及服务层、公共应用层和专业应用层组成，协同研发平台功能逻辑架构如图 9-1 所示。

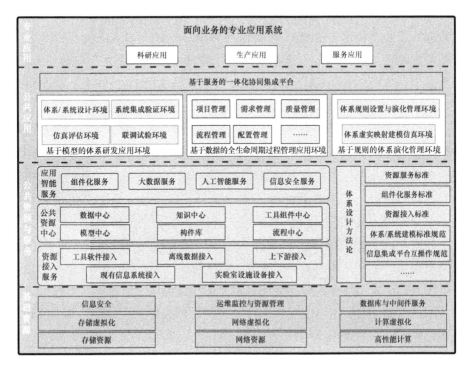

图 9-1　SoSWARE 协同研发平台功能逻辑架构

① 基础资源层：为整个平台提供存储资源、网络资源和高性能计算等基础服务；为上层提供信息安全、运维监控与资源管理及数据库与中间件服务。

② 公共资源与服务层：实现实验室设备设施、陆试/湖试/海试数据、现有信息系统等资源与协同研发平台的集成；利用现有资源建立服务不同业务领域的公共资源池，提供面向交付、面向研制、面向管理的公共资源。

③ 公共应用层：利用公共资源池开展面向科研和管理的集成应用，实现管理闭环与技术闭环的中央管控。该层主要包含三类：基于模型的系统研发应用环境、基于数据的全周期过程管理应用环境和基于规则的系统演化管理环境。

④ 专业应用层：提供面向业务的专业应用系统，实现面向业务的同步研发，具体包括科研应用、生产应用和服务应用。

9.3　体系生命力理论

9.3.1　系统科学与系统工程的融合发展

从系统科学与系统工程的发展历程来看，早期时二者基本上是平行发展的，并未产生太多的交集。系统工程主要限定在人造工程系统领域，用系统思维来指导人造工程系统的建造，除控制论与信息论本就属于工程技术之外，并未从系统科学中寻求理论指导。

传统系统科学的研究大多并未专门针对人造工程系统开展研究。维纳的控制论是在将机器的控制与动物对外界刺激的反应进行类比的过程中提炼出来的，包括反馈与学习的概念，并反过来作用于机器的控制优化。香农的信息论则是从电话系统的信息传输问题中提炼出来的，普遍用于对信息传递的定量评价，控制论与信息论是现代计算机技术的重要基础理论。这二者属于工程技术的范畴，也确实对工程的发展提供了理论指导，其余的系统科学理论与人造工程系统的关系相距较远。贝塔朗菲的一般系统论从生物学的角度，研究了作为一般性系统的规律；普利高津的耗散结构理论从热力学的角度，研究了远离平衡态的系统转换到新的稳定状态的条件；哈肯的协同学则从物理激光系统的角度，将激光产生过程中系统内部参数之间的竞争与协同的关系上升成为系统内状态转变的一般性规律。

随着人类面临的工程系统越来越复杂，以及复杂性科学的兴起，才又将系统科学与系统工程结合起来。系统科学和系统工程的融合发展历程主要有两个方面，一方面是系统工程为系统科学的发展提供了助力，另一方面是系统科学为系统工程的发展提供了理论指导。在系统科学与系统工程的融合发展中孕育了很多创新性的理论。

1. 系统工程助力系统科学发展

系统科学发展到以研究复杂性为主的阶段，其研究越来越依赖于系统工程。圣塔菲研究所的梅拉妮将复杂性定义为：复杂系统是由大量组分组成的网络，不存在中央控制，通过简单运作规则产生出复杂的集体行为和复杂的信息处理，并通过学习和进化产生适应性。在研究上掀起了一场使用工程技术实现类比于有机生命体的行为特征的热潮，其中最有名的便是人工生命理论、元胞自动机与遗传算法。

人工生命简单地说就是其行为具有我们通常所认为的基本生命特征的某种系统。1987 年 9 月，在美国罗沙拉莫斯的人工生命研讨会上，美国的 Langton 从当时流行的生命游戏中悟到了一大类具有生命特征的系统存在性，初步给出了这种系统的描述并命名为人工生命。C.Langton 认为人工生命是"研究那些具有自然生命现象的人造系统"。这些生命基本生命特征一般包括：自繁衍（Self-reproduction）、自适应（Self-adaption）以及自组织（Self-organization）等。

（1）自繁衍

20 世纪 40 年代末期，刚设计完数字计算机的冯 诺伊曼开始思考：一台计算机是否能通过编程来复制自己？他认为，任何自繁衍的基因材料，无论是人工的，还是自然的，都必须具有两个不同的基本功能，一方面，它起到计算机程序的作用，是一种在繁衍下一代的过程中能够运行的算法；另一方面，它必须起到被动数据的作用，是一个能够复制和传给下一代的描述。冯 诺伊曼因此建立了既能反映自繁衍的本质又能简洁到可以进行数学分析的元胞自动机（Cell Automation）模型。元胞自动机是一种时间、空间、状态都离散，空间相互作用和时间因果关系为局部的网格动力学模型，具有模拟复杂系统时空演化过程的能力。元胞自动机将计算机建模作为研究手段，用于研究复杂系统中的秩序、非对称、混沌、分形等系统特性，是一种使用工程工具进行系统科学研究的典型案例。

（2）自适应

自适应的典型技术是遗传算法。遗传算法是模拟自然界生物进化过程与机制求解优化问题的一类自组织、自适应的随机搜索算法。它借鉴达尔文"优胜劣汰、适者生存"的自然进化理论和孟德尔的遗传变异理论，将问题的求解表示成"染色体"的适者生存过程，通过对"染色体"群一代代的不断进化，包括选择、交叉和变异等操作，从而使群体最终搜索到"最适应环境"的个体，即求得问题的最优解或满意解。遗传算法在问题求解上具有很大的优势，但还存在一些不足，一是适应性度量函数是预先定义好的，而真正的适应性应该是局部的，是个体在与环境斗争时自然形成的以及随着环境变化而变化的。遗传算法或遗传程序中的选择机制，充其量来说只是一个人工选择，而非自然选择。二是遗传算法或遗传程序只考虑到生物之间的竞争，而没有考虑到生物之间协作的可能性。真实情况是竞争与协作并存，即协同演化。生物学证据表明协同演化能大大加快生物进化的历程。三是尽管遗传程

序能比遗传算法在更大空间中搜索。人工生命的研究者企图在最广泛的意义上回答进化的问题，并使之得到更加深入的研究。

（3）自组织

生命的自组织是指具有相互作用的诸多子单元所形成的系统涌现出单个子单元所没有的大范围性质。

Craig Reynold 的 boid 系统是用计算机程序实现相同个体自组织的一个良好范例。boid 是一种类似鸟类的计算机生物。在启动这个系统时，将 boid 及障碍物随意散布在计算机屏幕各处，慢慢地它们会自发地聚集成群，以一种流体的形式环绕障碍物飞行。近年来出现的无人机蜂群作战正是利用了无人系统的自组织能力。

对于系统复杂性的研究主要关注系统的自组织、自适应、涌现性等复杂特性，而这些研究需要大量借助于计算机建模与人工智能等工程技术，因此系统工程及相关工程技术为当前系统科学的发展提供了很大的助力。

2．系统科学理论指导工程系统发展

在工程系统中，应对外界干扰和不确定的手段主要体现在对故障的处理上。从理论发展的趋势来看，主要是通过增强系统的适应能力。工程系统在应对外部干扰时适应性要求在不断提升，从开始的以可靠性理论为代表的故障后维修，发展到以健康管理理论为代表的故障的预测与预防，再到以工程弹性系统（ERS）理论为代表的主动适应与自我恢复，体现出化被动为主动，并借鉴生命有机特性的趋势。

① 故障的被动维修。最开始，人们对人造工程系统的适应性要求是一种被动式的，围绕系统的故障，及时发现故障、维修故障，恢复系统的可用状态，并以此来评估系统的可靠性与维修性指标，发展出了可靠性、维修性和保障性理论。在可靠性理论中也采取了在系统设计阶段事前分析、事前应对的策略，如故障模式影响分析技术与故障树分析技术。故障模式影响分析技术通过假设系统内部件发生某些可能的故障，分析这些故障对系统的影响以及导致该故障发生的原因，提前给出应对措施，从而达到避免该故障发生或减弱该故障造成的影响的目的。

② 故障的实时监测与预防性维修。随着传感器技术的推广应用，可实时获取系统的部分状态信息，并依此综合判断系统的故障状态，而随着数据分析技术的运用，可建立故障发生的趋势模型，从而对系统故障进行预测，

于是健康管理技术（Prognostics and Health Management，PHM）诞生了。健康管理技术注重故障的实时监视与预兆性预报，并能根据历史数据预测系统的故障发生时间，提前布置预防性维修活动，而不是等故障发生后进行被动式维修，因此健康管理技术提高了工程系统的适应性。

③ 故障的自主修复。自然界的"自组织"系统，如生态系统，在外界干扰导致部分破坏后会进行自我修复，人们把这样的过程也称作"弹性"。弹性观点起源于 20 世纪六七十年代的生态学。1973 年，Holling 发表了 *Resilience and Stability of Ecological Systems*（《生态系统的弹性和稳定性》）这一开创性论文，为生态弹性以及各种其他领域的弹性理论研究提供了基础。Holling 将弹性定义为在维持系统结构、功能和反馈等不变的前提下，通过调整系统状态变量和驱动变量等参数，系统能吸收的扰动。在工程技术领域，美国国防部提出了工程弹性系统理论，并提出了工程弹性系统的四个关键特性：①击退/抵御/吸收；②恢复能力；③适应能力；④广泛的效用。工程弹性系统理论强调对外部干扰的主动适应与对自身故障的主动恢复，这将大大提升工程系统的适应能力，是对生命有机特性的一种借鉴。

9.3.2　工程体系的复杂性特征与应对策略

随着人造工程系统的规模和关系越来越复杂，出现了系统之系统——体系的概念。工程体系是由多个独立、异构的系统交互而成的系统集合，工程体系的复杂性，除 7.4.2 节中分析的系统层级的复杂性外，还需考虑体系独有的特性带来的复杂性因素。

① 体系的交互复杂性。体系中系统与系统之间的交互关系绝不是简单的线性叠加关系，正是这种交互关系，使得体系具有了不可预知的行为涌现性。如果对体系的复杂性度量用一个指标来表示的话，它的值应是各个系统的复杂性度量值的乘积，从而呈指数性增长，而非线性增长。

② 体系的结构复杂性。体系成员系统之间的交互是通过网络来实现的。现代信息化的工程体系多是以网络为中心的。因此，体系具有复杂的网络拓扑结构。人们用图论来描述和研究网络的复杂性，包括网络的连通性问题以及部分网络节点失效后的网络重构问题等。

③ 体系的自主性带来的复杂性。由于构成体系的成员系统具有操作自主性与管理自主性，给体系层级的管理与体系能力的涌现带来了复杂性与不确定性。在管理上，成员系统可能属于不同的管理部门，彼此之间的利益冲

突可能给体系层级的管理设置非技术性的障碍。在能力涌现上，特别是大量无人平台的加入，体系总体无法完整限定所有成员系统的行为，给能力的涌现带来了太多不确定性因素。

如何应对工程体系的复杂性，我们在复杂工程系统的实践中已经有了很多新的认识，我们还可以从自然界中借鉴经验。自然界中的生态系统都具有一定的适应环境变化与受破坏后自恢复的能力。而作为地球上最高等智慧生物的人类，每天也面对着复杂的外部环境的变化（如气象变化、病毒入侵等），还有工作、生活中诸多烦琐的事务需要处理。人类有温度保持系统来保证身体的恒温，有免疫系统来应对外来病菌的入侵，有反馈、记忆和学习机制来不断增强自身技能，提升应对外部事物的能力。这些核心思路就是生命有机系统的适应性机制。正如霍兰在《隐秩序》的封面上写的那样：适应性造就了复杂性。但与此同时，适应性也是解决复杂性的良方。

生命有机体的适应性由一些功能和机制共同组成。重要的功能包括感知与分析，重要的机制包括反馈、学习与弹性恢复。生命有机体通过感知并分析外部输入信息与自身输出产生的效果信息，通过反馈机制来修正自身的输出，以维持自身状态的稳定；而学习机制是一种延时的反馈机制，通过学习经验数据来修正后续的行为，提升自身应对外界环境变化的能力。在外界输入异常或自身部分故障时，通过弹性恢复机制缓解干扰带来的影响或修复故障，恢复自身出现功能。我们可以通过在工程系统与体系中引入这种生命有机系统特有的适应性机制来提升系统与体系应对复杂性的能力，而控制论与计算机技术中的存储、记忆、反馈与学习的机制也为工程系统与体系引入适应性机制提供了技术基础。在系统层面与体系层面需采取不同的应对策略。

（1）在系统层面采用健康管理技术提升工程物质系统的适应性

工程系统一旦构建，系统里的物质系统便不可避免地开始了熵增的进程。磨损、老化、形变直至导致系统故障。人们应对系统故障的策略经历了事后维修的可靠性技术阶段，到监视与预防性维修的健康管理阶段，再到工程弹性系统理论的自恢复系统阶段，从这条技术发展路线可以看出，正好符合建立和不断加强系统的自适应机制的策略。

目前健康管理技术正蓬勃发展，我们可以通过对物理材料老化过程的观察积累大量数据，建立物质系统的寿命衰退模型，并预测系统的寿命，以期在故障发生之前便能及时进行更换相关系统。我们也可以在系统中设置一些征兆参数来显示系统的健康状态，如果系统进入了非预期的异常状态，可能

导致危险，系统便可及时发现危险征兆并及时采取措施，这便是健康管理技术的基本思想。

健康管理技术止步于监视、预警与预防性维修，仅管这种维修是离线方式，还是会影响系统的任务。因此工程弹性系统理论中提出的及时在线恢复便成为更高等级的自适应机制，目前工程弹性系统理论尚属于研究阶段。

（2）在软件系统层面构建有机的软件交互架构

操作者与软件系统是人机交互的一对伙伴，通过上面的分析，操作者在紧急情况下容易操作失误，而软件系统本身也可能存在着固化的逻辑错误，导致系统进入危险状态而操作者也无能为力。以波音737-MAX飞机事故为例，为解决换装发动机带来的飞行姿态问题，波音737-MAX飞机在飞行控制系统中增加了自动防失速的"机动特性增强系统（MCAS）"，在飞机仰角过高时会强制压低机头来保持飞机平衡。当事故发生时，飞机的仰角传感器出现故障，飞机在软件的控制下，错误地压低机头，向下俯冲而去，飞行员切换到手动模式也无法避免悲剧的发生。

作为操作者的人能够根据外部环境的变化及时调整操作策略，但软件是固化的代码逻辑，无法动态做出调整，解决的策略是增加软件的自适应能力。因此，这里提出了一种新的有机软件架构，如图9-2所示。改变软件系统的基于消息处理队列的传统架构，有机软件架构包含集成感知模块、记忆模块、学习模块、有机决策模块、优化执行模块和显示输出模块。软件能够根据经

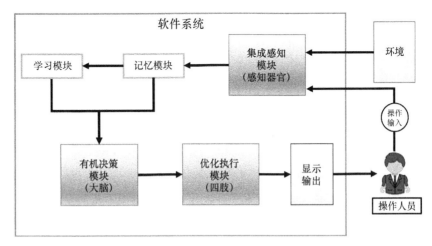

图 9-2　一种新的有机软件架构

验的学习来优化决策规则，并根据外界输入的变化和决策规则来动态调整决策输出。通过构建适应性机制来提升软件系统的适应能力，并在与操作人员良性的互动中，提升操作人员与软件之间的协调性。

（3）在工程体系层面提出体系生命力理论

目前在工程系统中，部分生命有机特性的机制已得到了很好的应用，如反馈机制用来实现自动化控制，美国国防部提出的工程弹性系统理论强调自恢复能力等，但借鉴得不够全面和彻底。为此这里提出了体系生命力理论。将自感知、弹性自恢复、自学习和自进化的机制赋予无机的工程体系，使其具备生命有机特性，成为具有生命力的有机工程体系。

9.3.3 体系生命力理论概述

自然界"自组织"的有机体系能够对外界刺激做出恰当的反应，维持自身的平衡与稳定，遭破坏后能够自我恢复到另一稳定的状态，长期变化的累积能够实现体系的进化。这些属性对"他组织"的工程技术体系来说，都是其渴望得到的良好属性。对"自组织"有机体系的有机特性进行系统性分析，得出有机体系的特征如下。

- 生存性：在设定条件下，能够维持自身的正常运转。
- 感知性：能够感知外界的状态和自身的状态，对自身状态的感知又称自省性。
- 自适应性：对外界异常的干扰能够采取适应性的手段来维持自身的平衡和稳定。
- 自恢复性：在外界干扰打破现有平衡后，能够重新组织以达到新的平衡与稳定。
- 自学习性：将运行过程中有利的决策/运行模式累积下来形成知识，用于指导后续运行形成知识。
- 自优化性：自我调节运行参数，并评估输出结果，以实现控制的优化。
- 进化性：长期累积有利量变后，体系进入新的质变状态。

对比"自组织"有机体系的有机特征，通过使用一定的控制机制、技术框架与技术手段，使工程技术体系导向涌现（Directed Emergency）出有机特性来，形成一种有机的工程技术体系，该体系的有机特性具有如下技术特点。

- 体系生存性：通过成员系统的可靠性设计和保障性设计，提高体系在

设定条件下的生存能力。

- 体系感知性：通过传感器技术与物联网技术，采集外界环境信息、输入信息、内部状态信息和输出信息。实现对外界环境的感知、输入/输出的感知和自身运行状态的感知。

- 体系自省性：体系的自省性体现了感知性更高的层次。通过建立的状态模型和健康预测模型，将感知到的原始数据转化成为评估的状态量与预测结论，并通过大数据分析技术，分析出在体系衰退过程中尚未达到显性故障的体系的"不可见问题"状态，及时采取措施。

- 体系自适应性/自恢复性：对工程技术体系来说，适应性是对设定条件内的外部改变做出恰当的应对；恢复性是对设定条件外的外部改变或内部故障做出恰当的应对，以维持体系的平衡与稳定，因此重点在自恢复性。体系的自恢复性是通过对体系的功能或结构的动态调整来实现的。

- 体系自学习性/自优化性：体系的自优化过程包含了自学习过程。通过大数据分析与人工智能算法，自动获取体系运行参数之间的相关性规律，将数据转化为领域知识，实现自学习过程，并将其用于调整控制参数，优化后续运行。

- 体系选择进化性：通过赛博附能结构中的赛博空间虚拟体系的仿真运行，揭示体系的隐秩序和效能瓶颈，为物理空间体系的演进选择进化或改进的方向。

在当前的技术条件下，将工程体系完整改造成为生命有机体系的过程应该是一个循序渐进的过程，我们按照先易后难的策略，将体系生命力分为4个层次，分别是生存力、恢复力、学习力与进化力，每个层次都有其对应的有机特性属性，生命力层次模型如图9-3所示，该模型也是组织改造工程体系不断提升的路线图。

生存力是指体系的成员系统通过传统的可靠性、维修性和保障性设计来提高自身的可靠性和保障性水平，从而提高体系在设定条件下的生存能力。恢复力是指体系在受到外界干扰或内部出现部分故障时，通过自感和自省能力，实时获取体系内外部状态，包括故障状态，并执行设计的动态调整策略来应对不利因素，恢复体系完成使命和任务的能力，表现为自恢复性。学习力是指信息空间虚拟体系在大数据分析与人工智能技术的支持下，揭示体系的运行规律，形成知识，用于后续体系的优化控制。进化力是指通过虚实映

射模型的仿真运行，揭示体系的效能瓶颈，为体系的进化提供选择的方向。

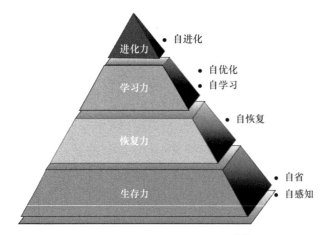

图 9-3 体系生命力层次模型[40]

综上，我们将工程技术体系的生命力定义为体系就像有机生命体一样具有生存力、恢复力和进化力，并具有一组有机特征集，包括自感知、自省性、自适应、自恢复、自优化、自学习和方向进化性。

9.3.4 体系生命力技术途径

1. 新技术的出现

物联网、大数据、云计算以及人工智能等新技术的出现为体系生命力理论的实现提供了技术支持。特别是将这些新技术综合应用的信息物理系统概念的提出，通过在数字虚拟空间构建与物理实体系统映射的虚拟系统，利用虚拟空间的数据分析与快速仿真能力，指导物理实体系统的优化提升。

信息物理系统（Cyber-Physical Systems，CPS），最早由美国国家航空航天局（NASA）于 1992 年提出，其后这个概念因为一次危机事件而被美国政府高度重视。2006 年美国国家科学基金会（NSF）科学家海伦·吉尔（Helen Gill）在国际上第一个关于信息物理系统的研讨会（NSF Workshop on Cyber-Physical Systems）上将这一概念进行了详细描述。事实上，Cyber-Physical Systems 的术语来源可以追溯到更早，1948 年诺伯特·维纳受到安培的启发，创造了 "Cybernetics" 这个单词。1954 年，钱学森所著 *Engineering Cybernetics* 一书问世，第一次在工程设计和实验应用中使用这一名词。1958 年其中文版《工程控制论》发布，"Cybernetics" 被译为 "控

制论"。此后，"Cyber"常作为前缀，应用于与自动控制、计算机、信息技术及互联网等相关的事物。针对 Cyber-Physical Systems，国内部分专家学者将其翻译成"信息物理融合系统""赛博物理系统""网络实体系统"和"赛博实体融合系统"等。

信息物理系统是控制系统、嵌入式系统的扩展与延伸，其涉及的相关底层理论技术源于对嵌入式技术的应用与提升。然而，随着信息化和工业化的深度融合发展，传统嵌入式系统中解决物理系统相关问题所采用的单点解决方案已不能适应新一代生产装备信息化和网络化的需求，急需对计算、感知、通信、控制等技术进行更为深度的融合。因此，在云计算、新型传感、通信、智能控制等新一代信息技术的推动下，信息物理系统出现了。

CPS 是多领域、跨学科不同技术融合发展的结果。尽管 CPS 已经引起了国内外的广泛关注，但 CPS 发展时间相对较短，不同国家或机构的专家学者对 CPS 理解侧重点也各不相同。表 9-1 汇集了业内主要机构及专家对 CPS 的认识。

表 9-1 业内主要机构及专家对 CPS 的认识

机构或学者	观点认识
美国国家科学基金会（NSF）	CPS 是通过计算核心（嵌入式系统）实现感知、控制、集成的物理、生物和工程系统。在系统中，计算被"深深嵌入"每一个相互连通的物理组件中，甚至可能被嵌入物料中。CPS 的功能由计算和物理过程交互实现
美国国家标准与技术研究院 CPS 公共工作组（NIST CPS PWG）	CPS 将计算、通信、感知和驱动与物理系统结合，并通过与环境（含人）进行不同程度的交互，以实现有时间要求的功能
德国国家科学与工程院	CPS 是指使用传感器直接获取物理数据和执行器作用物理过程的嵌入式系统、物流、协调与管理过程及在线服务。它们通过数字网络连接，使用来自世界各地的数据和服务，并配备了多模态人机界面。CPS 开放的社会技术系统，使整个主机的新功能、服务远远超出了当前嵌入式系统具有的控制能力
Smart America	CPS 是物联网与系统控制相结合的名称。因此，CPS 不仅仅是能够"感知"某物在哪里，还增加了"控制"某物并与其周围物理世界互动的能力
欧盟第七框架计划	CPS 包含计算、通信和控制，它们紧密地与不同物理过程，如机械、电子和化学，融合在一起
美国辛辛那提大学 Jay Lee 教授	CPS 以多源数据的建模为基础，以智能连接（Connection）、智能分析（Conversion）、智能网络（Cyber）、智能认知（Cognition）和智能配置与执行（Configuration）的 5C 体系为构架，建立虚拟与实体系统关系性、因果性和风险性的对称管理，持续优化决策系统的可追踪性、预测性、准确性和强弹性（Resilience），实现对实体系统活动的全局协同优化

机构或学者	观点认识
加利福尼亚大学伯克利分校 Edward A. Lee	CPS 是计算过程和物理过程的集成系统，利用嵌入式计算机和网络对物理过程进行监测和控制，并通过反馈环实现计算和物理过程的相互影响
中国科学院 何积丰 院士	CPS 从广义上理解，就是一个在环境感知的基础上，深度融合了计算、通信和控制能力的可控、可信、可扩展的网络化物理设备系统，它通过计算进程和物理进程相互影响的反馈循环实现深度融合和实时交互来增加或扩展新的功能，以安全、可靠、高效和实时的方式监测或控制一个物理实体

在继承国内外相关研究成果的基础上，本书从定位、定义及本质三个层面，对信息物理系统进行了更加深入的认识。

从定位看，中国工业经历了近 20 年的发展历程，在工业化演进的同时迎来了信息技术的发展浪潮。因此，在我国不能按照其他国家那样，先走工业化再走信息化的路子，要在这个时间节点上同步发展、互相促进。这与信息物理系统的发展要求如出一辙、一脉相承。因此，信息物理系统是支撑信息化和工业化深度融合的一套综合技术体系。

从定义看，通过对现有各国科研机构及学者的观点进行系统全面研究，给出了对 CPS 的定义：CPS 通过集成先进的感知、计算、通信、控制等信息技术和自动控制技术，构建了物理空间与信息空间中人、机、物、环境、信息等要素相互映射、适时交互、高效协同的复杂系统，实现系统内资源配置和运行的按需响应、快速迭代、动态优化。我们把信息物理系统定位为支撑两化深度融合的一套综合技术体系，这套综合技术体系包含硬件、软件、网络、工业云等一系列信息通信和自动控制技术，这些技术的有机组合与应用，构建起一个能够将物实体和环境精准映射到信息空间并进行实时反馈的智能系统，作用于生产制造全过程、全产业链、产品全生命周期，重构制造业范式。

从本质看，基于硬件、软件、网络、工业云等一系列工业和信息技术构建起的智能系统其最终目的是实现资源优化配置。实现这一目标的关键要靠数据的自动流动，在流动过程中数据经过不同的环节，在不同的环节以不同的形态（隐性数据、显性数据、信息、知识）展示出来，在形态不断变化的过程中逐渐向外部环境释放蕴藏在其背后的价值，为物理空间实体"赋予"实现一定范围内资源优化的"能力"。因此，信息物理系统的本质就是构建一套信息空间与物理空间之间基于数据自动流动的状态感知、

实时分析、科学决策、精准执行的闭环赋能体系，解决生产制造、应用服务过程中的复杂性和不确定性问题，提高资源配置效率，实现资源优化。实现数据的自动流动具体来说需要经过四个环节，即状态感知、实时分析、科学决策、精准执行。大量蕴含在物理空间中的隐性数据经过状态感知被转化为显性数据，进而能够在信息空间进行计算分析，将显性数据转化为有价值的信息。不同系统的信息经过集中处理形成对外部变化的科学决策，将信息进一步转化为知识。最后以更优化的数据作用到物理空间，构成一次数据的闭环流动。

归结起来，这些新技术的出现与应用，使得复杂性研究有了坚实的技术基础，使得过去复杂性的不可知和不可见的部分变成可知可见了。

2. 生命力理论技术框架

为使工程技术体系导向涌现出有机特性，成为具有生命力的有机体系，这里提出了一种技术框架，该框架可总结为一个架构、两种机制和五大关键技术，体系生命力技术途径如图 9-4 所示。

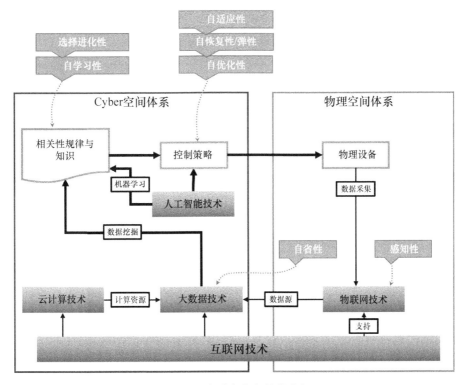

图 9-4　体系生命力技术途径

一个架构是指由体系的物理实体和信息虚体构成的交互与协作的架构，即 CPS 技术架构。通过实时采集物理体系的输入/输出与状态参数，经过虚拟空间体系的实时分析并将优化后的控制参数输出给物理实体，用于指导物理实体的优化运行。

两种机制是指控制理论中的反馈机制和学习机制。整个 CPS 框架是一个大的反馈过程，将物理体系的输出评估后用于体系后续运行的控制。学习机制是一种"延时"的反馈机制，这种反馈不是短期内的实时反馈，而是经过一段时间的累积后，用提炼的经验或知识来指导后续的运行。

五大关键技术包括物联网技术、互联网技术、云计算技术、大数据技术和人工智能技术。物联网技术实现了数据的采集和局部传输，互联网技术实现了数据的体系内传输，云计算技术提供了便捷而丰富的计算资源，使得大数据分析和人工智能算法的运算成为可能。大数据技术与人工智能技术实现了数据相关性规律的发现、数据模型的构建、数据向知识的转化及控制参数的优化。

9.4 本章小结

无论是复杂工程系统还是工程体系，都是以复杂性为重点开展研究和设计的，笔者认为复杂工程系统的实践机会更多，而体系工程涌现出的质的变化则需要更长的时间。所以我们聚焦复杂工程系统开展复杂性原理探索，可以得到更多的检验和迭代机会，也正是因此，在航母工程的实践中，我们总结出了一套复杂工程系统原理的实践方法论，并在不断完善之中，同时我们也幸运地正走在通往理论的道路上。

大家知道，复杂性研究也正是系统科学的范畴和重点，如果说数学是所有自然科学的横断学科，那么系统科学则是所有工程科学的横断学科，可见其重要性之大。郭雷院士认为，系统科学应该包括五个方面，即系统方法论、系统演化论、系统认知论、系统调控论和系统实践论。笔者认为这五论是无首尾逻辑的循环迭代进化的，是相辅相成的。如果说我们在复杂工程系统的探索中有所收获，最多也就是在实践论和方法论上，而复杂工程系统乃至体系工程在方法论指导下构建的适应性机制如何有序地演化，如何有机地实现自我认知，并完成自组织的自我调控则需要我们继续探索。CPS 理念和技术的逐渐成熟，为复杂工程系统的演化和认知提供了可能，尤其是我们在智能

船舶和智慧海洋的工程实践中，找到了如何用 CPS 技术显性表达体系工程的内在规律，预测性挖掘体系隐藏的秩序，从而实现对体系的有益调控，使得体系工程的生态化演化成为可能。

　　从实践中来，再到实践中去。有了基于航母工程实践的复杂工程系统方法论和基本原理的认识，我们需要把它们再投入到实践中去检验和发展，如何运用 CPS 和数字孪生等技术给更大的复杂工程系统——体系工程赋能有机性，从而构建起基于体系内外主体间有序协同规则的适应性机制，实现体系的演化发展，我们还需更加努力实践，也请读者静待笔者的下一部书《演进——体系工程与 CPS》。

参 考 文 献

[1] （美）默里·盖尔曼. 夸克与美洲豹——简单性和复杂性的奇遇[M]. 杨建邺，李湘莲，等，译. 长沙：湖南科学技术出版社，1997.

[2] 钱学森. 创建系统学[M]. 太原：山西科学技术出版社，2001.

[3] 殷瑞钰，李伯聪，汪应洛，等. 工程方法论[M]. 北京：高等教育出版社，2017.

[4] George A. Cowan. Manhattan Project to the Santa Fe Institute[M]. University of New Mexico Press, 2010.

[5] John H.Holland. Hidden Order（隐秩序）[M]. 上海：上海科技教育出版社，2019.

[6] International Council on Systems Engineering(INCOSE).System Engineering Handbook-A Guide for System Life Cycle Processes and Activities(Forth Edition)[S]. 2015.

[7] National Aeronautics and Space Administration(NASA). Systems Engineering Handbook[S]. 2007.

[8] 张宏军. 开创舰船航空保障学科建设，推动系统工程理论再发展[J]. 舰船知识，2016(12).

[9] 李昊华，赵海丹. 浅谈航空母舰舰载机运用模式的演变和航空保障在舰载机出动架次率生成中的作用[J]. 舰船知识，2017(1).

[10] Chairman of the Joint Chiefs of Staff. Operation of the Joint Capabilities Integration and Development System (Vision: CJCSI 3170.011)[S], 2015.

[11] 方振平. 系统灵敏度理论在飞行器动态特性分析综合中的应用[J]. 飞行力学，1985(4): 8-23.

[12] 崔博文，沈从文. 重特征值模态灵敏度分析的非线性摄动法[J]. 航空动力学报，1998，13(1): 89-92.

[13] 刘寒冰，陈塑寰. 结构动特性灵敏度分析的边界元摄动法[J]. 振动与冲击，1993，12(3): 25-29.

[14] 梅生伟，申铁龙，刘康志，现代鲁棒控制理论与应用[M]. 北京：清华大学出版社，

2008.

[15] 于德介，李睿. Sobol 法在非线性隔振系统灵敏度分析中的应用研究[J]. 振动工程学报，2004，17(2): 210-213.

[16] 谢冉. 复杂系统建模方法综述[J]. 现代防御技术，2020，48(3):31-36.

[17] 谢志航,冷洪霞. DoDAF 及其在美军武器装备体系结构开发中的应用[J]. 国防科技，2011，269(4): 25-31.

[18] 李大喜，杨建军，等. 基于 IDEF0 和 UML 的空基反导军事概念模型[J]. 系统仿真学报，2014，26(5): 969-974.

[19] 周明，陈振宇. 基于 IDEF3 的作战指挥情报活动与信息模型[J]. 火力与指挥控制，2014，39(2): 81-85.

[20] 彭斯明，肖刚，等. 基于 SysML 的作战概念描述方法研究[J]. 系统仿真学报，2014，26(5): 1-8.

[21] 张滢，杨任农. 直觉模糊 Petri 网的空战战术决策[J]. 计算机工程与应用，2012，48(30): 224-228.

[22] 刘彬，米东，等. 基于多视图的复杂系统仿真概念模型体系结构研究[J]. 计算机应用研究，2011，28(10): 3782-3785.

[23] 赵博，范玉顺. 多视图企业建模方法中的视图一致性研究[J]. 计算机集成制造系统，2003，9(7): 522-550.

[24] Ilan Kroo, Valerie Manning, Collaborative optimization-Status and directions[C]. 8th Symposium on Multidisciplinary Analysis and Optimization, 2000: 4721.

[25] 赵海丹. 有模具限制的并行机台调度问题研究[D]. 长春：吉林大学，2013.

[26] Liao, C. J., Tjandradjaja, E. and Chung, T. P. An Approach Using Particle Swarm Optimization and Bottleneck Heuristic to Solve Hybrid Flow Shop Scheduling Problem[J]. Applied Soft Computing, 2012(12): 1755-1764.

[27] Tsuiping Chung, Jatinder N.D. Gupta, Haidan Zhao, Frank Wernerd, Minimizing the makespan on two identical parallel machines withmold constraints [J]. Computers and Operations Research, 2019:141-155.

[28] Haidan Zhao, Jie Gao, Feng Zhu. Scheduling on parallel machines with mold constraints[C]. 2018 2nd International Conference on Advanced Technologies in Manufacturing and Materials Engineering (ATMME2018),2018.05.

[29] 高杰，赵海丹，胡楚君. 甲板舰载机移动路径规划与运动协调方法研究[D]. 2017 中国指挥控制大会论文集，2017.

[30] 刘晓平，唐益明，等. 复杂系统与复杂系统仿真研究综述[J]. 系统仿真学报，2008，20(23): 6303-6315.

[31] 罗永亮，张珺，秦远辉，等. 飞行指挥和保障作业流程一体化建模方法[J]. 系统仿真学报，2015，27(9): 2208-2212.

[32] 罗永亮，张珺，熊玉平，等. 支持 LVC 仿真的航空指挥和保障系统异构集成技术[J]. 系统仿真学报，2017，29(10): 2538-2541.

[33] 罗永亮，张智慧，张珺，秦远辉. 模型驱动的航空指挥和保障系统仿真优化设计方法[J]. 系统仿真学报，2018，30(8): 2817-2825.

[34] 蔡章利. 基于 BPMN 的业务流程一体化建模方法研究与实现[D]. 重庆：重庆大学，2011.

[35] 张曼. 面向服务的业务流程建模与验证方法研究[D]. 西安：西安电子科技大学，2012.

[36] Wooldridge M, Jennings N R. Intelligent agents: Theory and practice[J]. The Knowledge Engineering Review, 1995, 10(2): 115-152.

[37] DOD.Systems Engineering Guide for Systems of Systems[S].Department of Defense Office of the Deputy Under Secretary of Defense, 2008: 16.

[38] Judith Dahmann, George Rebovich,Ralph Lowry,etc.An Implementers'View of Systems Engineering for Systems of Systems[J].IEEE Aerospace and Electronic Systems Magazine, 2011(4): 1-6.

[39] Mark W. Maier. Architecting Principles for System-of-System[J]. Systems Engineering, 1998: 267-284.

[40] Zhang hongjun, Huang Baiqiao, Zhang Peng. A New SoS Engineering Philosophy-Vitality Theory[C]. Anchorage, AK, US:14th Annual Conference System of Systems Engineering, 2019: 19-24.

反侵权盗版声明

电子工业出版社依法对本作品享有专有出版权。任何未经权利人书面许可，复制、销售或通过信息网络传播本作品的行为；歪曲、篡改、剽窃本作品的行为，均违反《中华人民共和国著作权法》，其行为人应承担相应的民事责任和行政责任，构成犯罪的，将被依法追究刑事责任。

为了维护市场秩序，保护权利人的合法权益，我社将依法查处和打击侵权盗版的单位和个人。欢迎社会各界人士积极举报侵权盗版行为，本社将奖励举报有功人员，并保证举报人的信息不被泄露。

举报电话：（010）88254396；（010）88258888

传　　真：（010）88254397

E-mail：　dbqq@phei.com.cn

通信地址：北京市万寿路 173 信箱

　　　　　电子工业出版社总编办公室

邮　　编：100036